Wirtschaftsprüfungs- und
Steuerberatungsgesellschaften

Interessante Informationen für angehende Steuerberater/Wirtschaftsprüfer und Young Professionals finden Sie auf unserer Homepage:

www.berufsziel-steuerberater.de

www.berufsziel-wirtschaftsprüfer.de

Detlef Jürgen Brauner (Hrsg.)

Wirtschaftsprüfungs- und Steuerberatungsgesellschaften

Fakten und Informationen für Berufseinsteiger
und Young Professionals

20., überarbeitete Auflage

Edition Wissenschaft & Praxis

Bibliografische Information der Deutschen Nationalbibliothek

Die Deutsche Nationalbibliothek verzeichnet diese Publikation in
der Deutschen Nationalbibliografie; detaillierte bibliografische Daten
sind im Internet über http://dnb.d-nb.de abrufbar.

Alle Rechte vorbehalten
© 2023 Edition Wissenschaft & Praxis
bei Duncker & Humblot GmbH, Berlin
Satz: L101 Mediengestaltung, Fürstenwalde
Druck: mediaprint solutions GmbH, Paderborn
Printed in Germany

ISBN 978-3-89673-779-3 (Print)
ISBN 978-3-89644-779-1 (E-Book)

Vorwort

In der vorliegenden 20., überarbeiteten Auflage dieses für den Berufsnachwuchs der Steuerberater und Wirtschaftsprüfer wichtigen Informationswerkes stellen sich über 20 Wirtschaftsprüfungs- und Steuerberatungsgesellschaften vor. Neben den wichtigsten „harten Fakten" wie Unternehmensgröße, Niederlassungen, Ansprechpartner für Berufseinsteiger etc. werden dem Leser interessante Informationen z. B. über Firmenphilosophie, Einstellungsvoraussetzungen, Karrieremöglichkeiten, finanzielle Förderung der Berufsexamina etc. gegeben. Die Auswahl der entsprechenden thematischen Schwerpunkte wurde dabei bewusst den einzelnen Wirtschaftsprüfungs-/Steuerberatungsgesellschaften überlassen. Dadurch erhält der künftige Steuerberater bzw. Wirtschaftsprüfer oder der Young Professional einen facettenreichen Einblick und eine wichtige Orientierungshilfe für den Berufseinstieg bzw. die berufliche Weiterentwicklung.

Das generische Maskulinum dient nur der leichteren Lesbarkeit des Texts. Sämtliche Angaben beziehen sich auf alle Geschlechter.

Zusätzliche Informationen sowie aktuelle Stellenangebote und interessante Statistiken finden Sie auch auf der virtuellen Plattform:

www.berufsziel-steuerberater.de bzw. *www.berufsziel-wirtschaftsprüfer.de*

Dr. Detlef Jürgen Brauner
Herausgeber

Inhalt

ACCONSIS GmbH 9

Baker Tilly 14

BDO AG Wirtschaftsprüfungsgesellschaft 22

BSKP Dr. Broll Schmitt Kaufmann & Partner 28

Deloitte Wirtschaftsprüfungsgesellschaft Steuerberatungsgesellschaft ... 33

dhpg 40

Ebner Stolz 47

ECOVIS Wirtschaftstreuhand GmbH Wirtschaftsprüfungsgesellschaft
ECOVIS AG Steuerberatungsgesellschaft 52

EY (Ernst & Young) 59

FIDES Wirtschaftsprüfer, Steuerberater, IT-Berater,
Unternehmerberater 65

Grant Thornton AG Wirtschaftsprüfungsgesellschaft 71

HWS Wirtschaftsprüfungsgesellschaft Steuerberatungsgesellschaft
Rechtsanwaltsgesellschaft 81

Dr. Kleeberg & Partner GmbH Wirtschaftsprüfungsgesellschaft
Steuerberatungsgesellschaft 86

Märkische Revision GmbH Wirtschaftsprüfungsgesellschaft
Steuerberatungsgesellschaft 93

Moore Deutschland AG Wirtschaftsprüfungsgesellschaft 101

Naust Hunecke Gruppe 106

Rath, Anders, Dr. Wanner & Partner mbB 113

Rödl & Partner Rechtsanwälte, Steuerberater, Wirtschaftsprüfer,
Unternehmensberater 120

RWT Gruppe 126

UHY Deutschland AG Wirtschaftsprüfungsgesellschaft 133

WOTAX Beratergruppe Steuerberater – Wirtschaftsprüfer –
Rechtsanwälte 141

ACCONSIS GmbH

FORUM am Hirschgarten, Schloßschmidstraße 5, 80639 München
Tel.: +49 89 547 143, E-Mail: info@acconsis.de
Homepage: https://www.acconsis.de/

Standort: München

Anzahl der Mitarbeiter: 125

Leistungsspektrum:
Wirtschaftsprüfung, Steuerberatung, Rechtsberatung, Finanzierungsberatung

Voraussichtlicher Bedarf 2023:
Werkstudenten, Absolventen

Auswahlverfahren:
Wir freuen uns auf Ihre Bewerbung über unsere Bewerber-Mail. Dabei helfen uns Ihr Lebenslauf und Ihre Zeugnisse Sie besser kennenzulernen. Selbstverständlich nehmen wir uns dann ausreichend Zeit, um uns in persönlichen Gesprächen zu Ihrem neuen Traum-Job bei uns auszutauschen!

Gewünschte fachliche Qualifikation:
- BWL
- Rechtswissenschaften
- Wirtschaftsinformatik
- Wirtschaftsmathematik

Einstiegsgehalt/besondere soziale Leistungen:
- wenig Reisetätigkeit
- Möglichkeit des Überstundenabbaus
- Gleitzeit mit individueller Kernarbeitszeit
- mobile Arbeit
- Persönliche und fachliche Weiterentwicklung (Acconsis Akademie)
- Unterstützung bei Berufsexamina und Weiterqualifikation
- sehr gute Verkehrsanbindung

- gemeinsame (sportliche) Aktivitäten und Events
- 30 Tage Erholungsurlaub bei einer 5 Tage Woche

Kontaktperson für Bewerbungen:
Christine Nassl oder Katharina Deuter, E-Mail: Bewerbung@acconsis.de
Tel. +49 89/54714-507

Firmenporträt ACCONSIS GmbH

Weiter gedacht!

Die ACCONSIS ist mehr als ein Beratungsunternehmen, denn wir setzen den entscheidenden Punkt und denken immer einen Schritt weiter, um bedarfsgerechte Servicelösungen für unsere Mandanten zu entwickeln. Von München aus betreuen wir inhabergeführte Betriebe und Familienunternehmen im deutschen sowie internationalen Raum. Auch Freiberufler und Privatpersonen stehen im Fokus unserer individuellen Steuerberatung, Wirtschaftsprüfung, Rechtsberatung und Unternehmens- und Finanzierungsberatung.

Unsere mehr als 125 engagierten Mitarbeiterinnen und Mitarbeiter stellen sicher, dass mit Kompetenz, Empathie und Werteorientierung der vielschichtigen Mandantschaft eine ausgezeichnete Unterstützung und Hilfe in allen vermögensspezifischen Fachbereichen gegeben wird.

Unsere 2.000 Mandanten werden in unterschiedlichsten Bereichen sowohl bei betriebswirtschaftlichen als auch in privatwirtschaftlichen Angelegenheiten unterstützt. Die Mandantenbeziehungen sind oft über Jahre bis Jahrzehnte gewachsen und die ACCONSIS entwickelt sich mit ihren Mandanten weiter.

Gemeinsam in die Zukunft

Die ACCONSIS blickt mit ihrer Vorgängergesellschaft auf 60 Jahre vertrauensvolle und sehr persönliche Zusammenarbeit mit ihren Mandanten zurück. Das Unternehmen verfolgt kontinuierlich seinen eigenen Kurs, der gleichermaßen geprägt ist durch Tradition und Dynamik.

ACCONSIS hat erkannt, dass sich die Anforderungen der Mandanten und der Markt stetig ändern – nicht zuletzt auch durch die Corona-Pandemie. Steigende Personalkosten, globaler Wettbewerb und die Digitalisierung fordern ACCONSIS und deren Mandanten heraus, Ressourcen effektiver einzusetzen und das Angebot an Beratungsleistungen selektiver zu wählen. Die

ACCONSIS setzt sich daher aktiv mit der Thematik auseinander und stellt das Unternehmen entsprechend zukunftsorientiert auf, um den Anforderungen der Mandanten und des Marktes gerecht zu werden. Aber auch um den Mitarbeitern einen sicheren Arbeitsplatz mit Zukunft gewährleisten zu können.

Die ACCONSIS praktiziert mit einem beratungsorientierten Ansatz die Wirtschaftsprüfung. Wenn mittelfristige Orientierung für ein Unternehmen oder eine vergleichbare Einrichtung gesucht wird, Risiken erkannt und kompensiert sowie neue Perspektiven erschlossen werden sollen, helfen unsere Erfahrung und Expertise.

Unsere Wirtschaftsprüfung

Die klassischen gesetzlichen, freiwilligen und satzungsgemäßen Prüfungen von Jahresabschlüssen und Konzernabschlüssen gemäß US-GAP, HGB und IFRS bilden die Grundlage unseres Leistungsansatzes. Ergänzt wird das Tätigkeitsspektrum um Sonderprüfungen aus unterschiedlichen Anlässen (Due Diligence, HGrG und MaBV). Gutachten, aus unterschiedlichen Anlässen und betriebswirtschaftliche Beratung runden das Tätigkeitsbild ab.

Unsere Steuerberatung

Die ACCONSIS bietet alle Leistungen der qualifizierten Steuerberatung. Sie vertritt die Interessen der Mandanten in den laufenden Steuerangelegenheiten, unterstützt sie bei steuerlichen Außenprüfungen (Betriebsprüfungen) sowie in außergerichtlichen und finanzgerichtlichen Verfahren. Unsere qualifizierte Steuerberatung ist wegen des sich schnell ändernden Steuerrechts auch wichtig für die Sicherheit der Vermögensentwicklung. Wir vertreten die Interessen unserer Mandanten gegenüber Finanzbehörden und stehen bei Betriebsprüfungen zur Seite. Mandanten, die grenzüberschreitend aktiv sind, begleiten wir mit unserer Beratung in Fragen des internationalen Steuerrechts. Im Rahmen unserer Leistungen für unternehmerische Mandanten übernehmen wir die Erstellung von Jahresabschlüssen und Sonderbilanzen. Ein Schwerpunkt der Tätigkeiten ist die aktive Gestaltungsberatung durch hochqualifizierte Berufsträger, auch in Fragen des internationalen Steuerrechts.

Unsere Finanzierungsberatung

Durch die Implementierung der Finanzierungsberatung kann ACCONSIS die Leistungen im Geschäftsfeld „**Rund um die Immobilie**" nochmals erweitern. Qualifizierte Beratung, welche sich an den Bedürfnissen der Mandanten orientiert, steht dabei stets im Vordergrund. Nach dem Motto „**Konzeption schlägt Kondition**" werden unter Einbeziehung der anderen Geschäftsbereiche individuelle Finanzierungskonzepte für Immobilieninvestitionen im privaten sowie gewerblichen Sektor erstellt. Als Bindeglied zwischen Mandanten, Steuerfachleuten, Rechtsanwälten und Finanzierungsinstituten entwickeln und verwirklichen wir nachhaltige Finanzierungsstrategien mit und für unsere Mandanten.

Warum ACCONSIS?

Die Arbeitswelt der ACCONSIS zeichnet sich vor allem durch flache Hierarchien, kurze Entscheidungswege, Arbeit auf Augenhöhe, Teamwork und ein familienfreundliches Miteinander aus.

WIR pflegen einen modernen kooperativen Arbeitsstil, der sich auf Eigeninitiative, persönliche Verantwortung und offene Zusammenarbeit stützt. Die Vereinbarkeit von Familie und Beruf ist uns sehr wichtig.

WIR ermöglichen daher unseren Mitarbeitern maßgeschneiderte Arbeitszeitmodelle, die sich an der persönlichen Lebenssituation orientieren. So bieten wir Arbeit in Gleitzeit, individuelle Arbeitszeitmodelle, die Möglichkeit des mobilen Arbeitens und Freistellungsmöglichkeiten.

WIR achten aufeinander, sind hilfsbereit und legen Wert auf Gemeinschaft. Unsere Unternehmenskultur ist geprägt von einem großen Miteinander, in der vor allem Respekt und Wertschätzung im Mittelpunkt steht. Um die Bedürfnisse unserer Mitarbeiter besser kennen zu lernen, führen wir regelmäßig anonyme Mitarbeiterbefragungen durch.

WIR nehmen uns viel Zeit für die Analyse der Ergebnisse sowie die Umsetzung geeigneter Maßnahmen.

Baker Tilly

Cecilienallee 6-7, 40474 Düsseldorf
E-Mail: career@bakertilly.de, Internet: www.bakertilly.de/karriere

Standorte: Berlin, Dortmund, Düsseldorf, Frankfurt a.M., Hamburg, Leipzig, München, Nürnberg, Schwerin, Stuttgart

Anzahl der Mitarbeiter: 1.220 in Deutschland, 39.000 weltweit

Kontaktperson für Bewerbungen:
Baker Tilly Recruiting-Team

Voraussichtlicher Bedarf 2023:
- Berufseinsteiger (m/w/d): 100
- Praktikanten/Werkstudenten (m/w/d): 200
- Referendare/wissenschaftliche Mitarbeiter (m/w/d): 30

Auswahlverfahren:
- Online-Bewerbung auf konkrete Stellenausschreibung oder initiativ über unser Baker Tilly Jobportal
  - Bestätigung des Bewerbungseingangs
  - Prüfung der Bewerbungsunterlagen durch HR und Fachbereich
  - Rückmeldung zur Bewerbung/Gesprächseinladung (i. d. R. innerhalb von 10 Werktagen)
- 1–2 Vorstellungsgespräche (Einzelgespräche) mit dem Hiring-Manager und weiteren Teammitgliedern

Gewünschte fachliche Qualifikation:
- Studium (Bachelor, Master, Staatsexamen, LL.B. oder LL.M.) im Bereich Wirtschaftswissenschaften, BWL, VWL, Wirtschaftsinformatik, Wirtschaftsingenieurwesen, Wirtschaftsrecht oder Rechtswissenschaften (Jura)
- Idealerweise relevante Praxiserfahrung durch Praktika/Werkstudententätigkeit für einen Berufseinstieg

Gewünschte persönliche Qualifikation:

- Spaß an der interdisziplinären Zusammenarbeit
- Freude an der Arbeit in internationalen Teams und an internationaler Mandatsarbeit
- Eigenständige Arbeitsweise mit hohem Qualitätsanspruch
- Kreativität und Eigeninitiative

Einstiegsgehalt/soziale Leistungen:

- Branchenübliche, leistungsorientierte Vergütung
- 30 Tage Urlaub
- Flexible Arbeitszeitmodelle
- Mobile Work
- Attraktive Weiterbildungsangebote
- Finanzielle und zeitliche Unterstützung bei der Vorbereitung auf Berufsexamina
- Masterförderung
- Secondment
- Sabbatical
- Mehrtägiges Onboarding-Programm
- Betriebliche Altersvorsorge
- Subventionierte Firmentickets
- Gesundheits- und Sportangebote
- Firmenevents/Teamevents
- Mitarbeiterrabattportal mit monatlich wechselnden Angeboten
- Jobrad
- Familienservice (Beratung z. B. zu den Themen Kinderbetreuung und Pflege von Angehörigen sowie Vermittlung von Betreuungsangeboten)

Einstiegsmöglichkeiten:

- Praktikum/Werkstudententätigkeit/Studentische Aushilfstätigkeit
- Referendariat/wissenschaftliche Mitarbeit/promotionsbegleitende Tätigkeit
- Berufseinstieg nach Studienabschluss
- Vielfältige Jobs für Berufserfahrene (m/w/d)

Zusätzliche Informationen über das Unternehmen:

☒ Internetseite (Adresse): www.bakertilly.de/karriere

Firmenporträt Baker Tilly

Baker Tilly bietet mit 39.000 Mitarbeiterinnen und Mitarbeitern in 148 Ländern ein breites Spektrum individueller und innovativer Beratungsleistungen in den Bereichen Audit & Advisory, Tax, Legal und Consulting an.

Unsere interdisziplinären Kompetenzen werden ergänzt um unsere Competence Center: Debt Advisory, Fraud · Risk · Compliance, Global Solutions, Private Clients, Restructuring, Sustainability, Transactions sowie Valuation.

Baker Tilly verfügt in folgenden Industries über ein ausgeprägtes Branchen-Know-how: Energy & Utilities, Financial Services, Healthcare, Public Sector, Real Estate, Shipping, Automotive, Construction, Consumer Business, Engineering, Insurance, Medical & Biotech, Sports, Telecommunications & Media, Transportation & Logistics.

Wir vertrauen in die Fähigkeiten unserer Mitarbeiterinnen und Mitarbeiter. Deshalb übertragen wir ihnen schon früh Verantwortung. Wir legen Wert auf vielfältige Teams, eine enge Vernetzung und die interdisziplinäre Zusammenarbeit. Unser Ziel ist es, gemeinsam im Team die bestmögliche Qualität für unsere Mandanten sicherzustellen.

In Anlehnung an unseren Slogan „Now, for tomorrow" suchen wir Sie – Ihre individuellen Fähigkeiten, Ihre Erfahrungen, Ihre Persönlichkeit – um gemeinsam die Zukunft unserer Mandanten mitzugestalten.

Wirtschaftsprüfung bei Baker Tilly

Allgemeine Facts zu Audit & Advisory

Für Baker Tilly bedeutet Prüfung, Ermessensspielräume zu beurteilen, Geschäftsprozesse und die IT von Unternehmen zu bewerten, Chancen und Risiken bzw. das Compliance- und das Risikomanagement abzuschätzen und die Ordnungsmäßigkeit der Rechnungslegung zu bestätigen. Zu den Audit Services zählen Abschlussprüfungen, Betriebswirtschaftliche Prüfungen, Sonderprüfungen und Prüferische Durchsichten. Das Dienstleistungsportfolio im Advisory Bereich umfasst u. a. Compliance & Risikomanagement, Due Dilligence, HGB Rechnungslegung, Interne Revision, Interne Kontrollsysteme und IT-Advisory.

Audit on Demand: Standard – Comfort – Premium: Welcher Audit-Servicelevel passt am besten zu unseren Mandanten? Als renommierte Wirtschaftsprüfungsgesellschaft bieten wir unseren Mandanten vor allem eines: Sicherheit. Mit höchster Qualität prüfen wir zuverlässig die Vergangenheit und gestalten auf dieser Basis gemeinsam die Zukunft. Mit der maßgeschneiderten Abschlussprüfung „Audit on Demand" haben wir für unsere Mandanten einen neuen, innovativen Rahmen geschaffen, dies nun noch effizienter und effektiver zu tun.

Laut Manager Magazin gehört Baker Tilly zu „Deutschlands besten Wirtschaftsprüfern".

Wissenswertes rund um den Einstieg in der Wirtschaftsprüfung bei Baker Tilly – Ein Dialog mit HR

Welche Einstiegsmöglichkeiten habe ich bei Baker Tilly in der Wirtschaftsprüfung während des Studiums und danach?

Studierende können bei uns Praxiserfahrung in der Wirtschaftsprüfung durch Praktika oder eine Werkstudententätigkeit sammeln. Nach erfolgreichem Bachelor- oder Masterabschluss steigt man bei uns als Wirtschaftsprüfungsassistent (m/w/d) ein.

Anika Ortmüller
Talent Acquisition

Gibt es einen bestimmten Zeitpunkt im Jahr, welcher sich besonders für ein Praktikum in der Wirtschaftsprüfung anbietet?

Ein ganz eindeutiges JA. Für ein Praktikum in der Wirtschaftsprüfung empfehle ich die Zeit während der sogenannten Busy Season, um möglichst vielfältige und tiefe Einblicke zu erhalten.

Ist es möglich, bei Baker Tilly das Wirtschaftsprüfungsexamen abzulegen und wird dies unterstützt?

Wir schaffen zeitlich und finanziell Rahmenbedingungen, welche der fachlichen Weiterentwicklung den nötigen Raum geben. Bei der Vorbereitung auf relevante Berufsexamina profitieren unserer Mitarbeiterinnen und Mitarbeiter von Freistellungszeiten bei regulärem Gehalt und einer finanziellen Förderung.

Gibt es eine Masterförderung?

Im Rahmen eines relevanten, berufsbegleitenden Studiums (u. a. nach §§ 8a und 13b WPO) stellen wir unsere Kolleginnen und Kollegen für die Vorlesungszeit frei. Je nach Erfordernissen ihres Studiengangs fördert Baker Tilly sie zudem finanziell und zeitlich, sodass die Prüfungen erfolgreich abgelegt werden können.

Mitarbeiterinnen und Mitarbeiter – Insights zur Wirtschaftsprüfung

Wie sieht Ihr Arbeitsalltag aus?

Mein Arbeitsalltag hängt sehr stark von Mandat und Jahreszeit ab. Im Sommer habe ich einen klassischen Bürojob. Zu dieser Zeit werden Projekte außerhalb der traditionellen Wirtschaftsprüfung betreut. In meinem ersten Jahr habe ich zum Beispiel bei der Prüfung eines Wertpapierprospekts unterstützt. Dagegen stehen die Herbst- und Wintermonate im Zeichen der regulären Prüfungsmandate. Im Zeitraum von Oktober bis März – der Busy Season – bin ich fast durchgehend bei verschiedenen Mandanten vor Ort.

Wie stressig ist die Busy Season und wie gehen Sie damit um?

In der Busy Season ist die Auslastung zweifelsohne hoch. Insbesondere in der Zeit nach dem Jahreswechsel kommen oft viele Sachverhalte gleichzeitig auf einen zu. Hier ist es wichtig, dass das Prüfungsteam sowohl auf menschlicher als auch auf fachlicher Ebene gut funktioniert. Einsatzbereitschaft und Flexibilität sind hier unabdingbar. Gleichzeitig ermöglicht die „Busy Season" spannende Einblicke in verschiedene Mandate und fördert die fachliche Weiterentwicklung.

Was würden Sie Studierenden und Absolventen (m/w/d) raten, um erfolgreich bei Baker Tilly im Bereich Audit & Advisory einzusteigen?

Neben den entsprechenden Studienschwerpunkten kommt es sehr auf die persönliche Einstellung an. Die ersten Jahre in der Wirtschaftsprüfung sind geprägt von einer steilen Lernkurve. Hierfür sollte man neben den bereits genannten Eigenschaften auch mit Neugier, Lernbereitschaft und Ehrgeiz an die Sache herangehen.

Weitere Insights von Mitarbeiterinnen und Mitarbeitern zur Wirtschaftsprüfung bei Baker Tilly unter: www.bakertilly.de/karriere/warum-baker-tilly/ihre-kollegen

Steuerberatung bei Baker Tilly

Allgemeine Facts zum Tax Consulting

Bei Baker Tilly gibt es verschiedene Schwerpunkte der Steuerberatung. Dazu zählen u. a. Financial Services Tax, International Tax, Steuerdeklaration, Transaction Tax, Indirect Tax, Umsatzsteuer, Unternehmenssteuerrecht und steuerliche Gestaltungsberatung.

Baker Tilly wurde auch dieses Jahr als Top-Arbeitgeber von azur ausgezeichnet und zählt zu den *„Top 100 besten Arbeitgebern"* für das Jahr 2022.

azur100 präsentiert jedes Jahr Top-Arbeitgeber mit guten Karriereperspektiven für Juristen: Von Kanzleien und Rechtsabteilungen über Behörden bis hin zu WP-Gesellschaften.

Gemäß der jährlichen JUVE Steuermarktumfrage zählt Baker Tilly zu den beliebtesten Arbeitgebern für Steuerexperten in 2022.

Wissenswertes rund um den Einstieg im Tax Consulting bei Baker Tilly – Ein Dialog mit HR

Welche Einstiegsmöglichkeiten habe ich bei Baker Tilly in der Steuerberatung während und nach meinem Studium?

Während Ihres Studiums haben Sie bei Baker Tilly die Möglichkeit, im Rahmen eines Praktikums oder einer Werkstudententätigkeit Praxisluft zu schnuppern und so umfangreiche Einblicke in die Steuerberatung zu gewinnen.

Mit erfolgreichem Studienabschluss kann man bei uns als Steuerassistent/in bzw. als Consultant im Bereich Tax direkt einsteigen.

Annika Prior
Talent Acquisition

Muss man als Bewerber/in bestimmte Voraussetzungen erfüllen?

Ein Praktikum oder eine Werkstudententätigkeit in der Steuerberatung ist bei uns in der Regel ab dem 3. Fachsemester möglich, sobald Sie im Rahmen Ihres Studiums erste steuerliche Theoriekenntnisse erworben haben. Für eine Werkstudententätigkeit haben Sie zudem idealerweise erste praktische Erfahrungen gesammelt. Für Ihr Praktikum bei uns sollten Sie mindestens 8 Wochen Zeit mitbringen. Praxiserfahrung ist hier nicht notwendig, diese können Sie gern bei uns erlangen.

Als Berufseinsteiger/in im Tax Consulting sind Sie von Beginn an Teil eines starken Teams und leisten durch die Verantwortung für Ihre eigenen Projekte einen wichtigen Beitrag. Hierfür sollten Sie über erste Praxiserfahrungen in Form von Praktika und/oder Werkstudententätigkeiten verfügen sowie im Rahmen Ihres Studiums Berührungspunkte mit dem Thema Steuern gehabt haben.

Ist es möglich, bei Baker Tilly das Steuerberaterexamen oder Fachanwalt (m/w/d) für Steuerrecht abzulegen?

Im Rahmen unserer internen Weiterbildungsakademie bieten wir Ihnen verschiedene fachspezifische sowie fachübergreifende Schulungen und Weiterbildungen an. Zudem unterstützen wir aktiv die Ablegung von Berufsexamina zum Steuerberater oder Fachanwalt in Form von zeitlicher sowie finanzieller Förderung.

INTERNational@bakertilly – unser Praktikantenprogramm der Wirtschaftsprüfung & Steuerberatung (6 Monate, 2 Business Lines, 1 Auslandsaufenthalt)

Zum ersten Mal startete im Januar 2022 unser internationales Praktikantenprogramm INTERNational@bakertilly innerhalb des Baker Tilly Netzwerks. Dieses Praktikantenprogramm bietet Studierenden die Chance, gleich drei Fliegen mit einer Klappe zu schlagen: Einblicke in zwei Beratungsfelder (Wirtschaftsprüfung und Steuerberatung) in einer der Top 10 Beratungsgesellschaften in Deutschland und die Chance diese gewonnenen Erfahrungen anschließend im Ausland in einer unserer zahlreichen Partnerfirmen einzusetzen.

Das Auslandspraktikum ist beispielsweise in Großbritannien, Frankreich, den Niederlanden, Österreich, Polen oder Spanien möglich. Alle anfallenden Kosten für den Auslandaufenthalt werden von uns übernommen.

Um die Praktikantinnen und Praktikanten vom ersten Tag an miteinander zu vernetzen und auf den Aufenthalt im Ausland vorzubereiten, werden virtuelle Welcome Days und interkulturelle Trainings veranstaltet. Jeder Teilnehmende wird direkt von einem Buddy und einem Mentor betreut, welche für fachliche und private Fragen zur Verfügung stehen.

BDO AG
Wirtschaftsprüfungsgesellschaft

Fuhlentwiete 12, 20355 Hamburg
Tel.: +49 40 30293-600, Internet: www.bdo.de

Standorte: Berlin, Bielefeld, Bonn, Bremen, Chemnitz, Dortmund, Dresden, Düsseldorf, Erfurt, Essen, Flensburg, Frankfurt/Main, Freiburg i. Br., Hamburg, Hannover, Kassel, Kiel, Köln, Leer, Leipzig, Lübeck, Mainz, München, Münster, Oldenburg, Rostock, Stuttgart

Anzahl der Mitarbeiter: rund 2.100

Kontaktperson für Bewerbung:
Recruiting-Team: Annika Höpfner und Juliane Seidel

Online Bewerbung über https://karriere.bdo.de

Voraussichtlicher Bedarf 2023:
Hochschulabsolventen: rund 150
Praktikanten: rund 150

Auswahlverfahren für Hochschulabsolventen:
Online-Bewerbung, individuell geführte Bewerbergespräche

Gewünschte fachliche Qualifikation:
- Studienabschluss in BWL, VWL, Rechtswissenschaften, Wirtschaftsrecht, Wirtschaftsmathematik oder Wirtschaftsinformatik
- gute bis sehr gute Studienleistungen in relevanten Studienschwerpunkten
- idealerweise relevante Praktika oder Nebentätigkeiten
- gute MS-Office- und Englischkenntnisse

Gewünschte persönliche Qualifikation:
Wir suchen Persönlichkeiten, die sich durch unternehmerisches Handeln, eigene Ideen und ein Gespür für Mandanten, Kollegen und Mitarbeiter auszeichnen.

Einstiegsgehalt/besondere soziale Leistungen:
- Einstiegsgehalt nach Vereinbarung
- Förderung der Berufsexamina (fachlich, zeitlich und finanziell)
- umfangreiches Aus- und Weiterbildungsangebot

Zusätzliche Informationen über das Unternehmen:
- ☒ Internetseite (Adresse): https://karriere.bdo.de
- ☒ Bewerberbroschüre
- ☒ Unternehmensbroschüre

Firmenporträt BDO AG Wirtschaftsprüfungsgesellschaft

Regional verwurzelt, international vernetzt

BDO zählt mit über 2.100 Mitarbeitern in 27 Offices in Deutschland zu den führenden Gesellschaften für Wirtschaftsprüfung und prüfungsnahe Dienstleistungen, Steuerberatung und wirtschaftsrechtliche Beratung sowie Advisory.

Wir sind Gründungsmitglied des internationalen BDO Netzwerks (1963), mit heute über 95.000 Mitarbeitern in 164 Ländern die einzige weltweit tätige Prüfungs- und Beratungsorganisation mit europäischen Wurzeln.

Wirtschaftsprüfung

Im Bereich Wirtschaftsprüfung und prüfungsnahe Dienstleistungen führen wir sämtliche Arten der gesetzlichen sowie freiwilligen Prüfungen von Abschlüssen nach nationalen und internationalen Grundsätzen durch. Darüber hinaus decken wir das gesamte Spektrum prüfungsnaher Dienstleistungen ab: von der Internen Revision bis hin zur Konzeptionierung und Beurteilung von Systemen zum Risiko- und Chancen-Management. Durch sichere, beschleunigte und maßgeschneiderte Prozesse in der Abschlussprüfung und gezielte Analysen erreichen wir für unsere Mandanten mehr als nur die Erfüllung gesetzlicher Vorschriften, nämlich einen echten Mehrwert.

Steuern und wirtschaftsrechtliche Beratung

Wir bieten unseren Mandanten das gesamte Spektrum der Steuerberatung und damit verbundener wirtschaftsrechtlicher Beratungsleistungen. Neben der klassischen Steuerberatung kommt dabei angesichts der ungebrochenen Komplexität des Steuerrechts gerade der gestaltenden Steuerberatung und der steuerlichen Transaktionsberatung eine besondere Bedeutung zu. Unser klares

Ziel ist es, die Steuerlast unserer Mandanten langfristig zu mindern und sie sicher durch das komplexe Steuerrecht zu führen.

Advisory

In unserem Unternehmensbereich Advisory halten wir ein umfassendes Angebot an Beratungsleistungen bereit. Hierfür bringen unsere Spezialisten einen großen Erfahrungshintergrund und vielseitige Expertisen mit. Somit können wir unsere Beratung stets auf die individuellen Bedürfnisse und die aktuellen Herausforderungen unserer Mandanten ausrichten. Unser Angebotsportfolio haben wir in den Bereichen Corporate Finance, Financial Services, IT Risk & Performance, Cyber Security, Digital Services, Beratung Öffentlicher Sektor und Beratung Gesundheitswirtschaft gebündelt.

Branchencenter mit interdisziplinären Expertenteams

Unsere langjährige Erfahrung und Expertise in der Beratung und Betreuung von Mandanten bestimmter Wirtschaftsbranchen führen wir in unseren Branchencentern zusammen. In interdisziplinär besetzten Teams aus Wirtschaftsprüfern, Steuerberatern, Unternehmensberatern, Juristen, Kapitalanlage-Spezialisten, Ingenieuren oder Versicherungsmathematikern bearbeiten wir steuerliche, rechtliche und betriebswirtschaftliche Fragestellungen und bieten passgenaue branchenspezifische Lösungen an.

Ihr Einstieg bei BDO

Denken Sie mit uns Karriere neu und gehen Sie mit uns zusammen Ihren nächsten Karriereschritt. Wählen Sie einfach den für Sie passenden Einstieg:

Praktikum/Werkstudententätigkeit

Begleitet von unseren Experten übernehmen Sie spannende Aufgaben und erhalten tiefe Einblicke in unsere Arbeit in den Bereichen Wirtschaftsprüfung und prüfungsnahe Dienstleistungen, Steuerberatung und wirtschaftsrechtliche Beratung sowie Advisory.

Der Blick in die Praxis hilft Ihnen bei der „Feinabstimmung" Ihrer weiteren Studienschwerpunkte. Wenn uns Ihre fachlichen Qualitäten und Ihre Persönlichkeit überzeugen, ist das eine gute Basis für eine spätere Zusammenarbeit bzw. Festeinstellung. Da wir Sie professionell einsetzen, ist auch Ihre Vergütung leistungs- und ausbildungsgerecht.

Direkteinstieg in einem Unternehmensbereich Ihrer Wahl

- Bachelor-, Master-, Diplomabsolventen
- Bachelor-/Masterabsolventen nach §§ 8a, 13b WPO
- Volljuristen

Wählen Sie nach Ihrem Hochschulstudium den Direkteinstieg, erwarten Sie bei uns viele interessante Tätigkeiten, frühzeitige Eigenverantwortung und ein umfassendes Aus- und Weiterbildungsangebot. Wir bieten Ihnen die Möglichkeit, sich weiterzuentwickeln und sich ab dem ersten Tag als vollwertiges Teammitglied zu bewähren.

Referendariat/Wahlstation

Möchten Sie sich als Rechtswissenschaftler auf dem Weg zum Rechtsassessor auf den Bereich Steuerberatung und wirtschaftsrechtliche Beratung spezialisieren? Dann haben Sie bei uns die Möglichkeit, im Rahmen Ihres Referendariats eine Wahlstation zu absolvieren.

Referendarinnen und Referendare erhalten bei uns einen tiefen und praxisnahen Einblick in ihr zukünftiges berufliches Umfeld, da sie – unter fachlicher Begleitung – projektbezogene Aufgaben vorbereiten und mit deren Durchführung betraut werden.

Ihre Karriere – unser Angebot

Wir wünschen uns innovative, unternehmerisch denkende Mitarbeiter, die ihre Ideen mit fundiertem Know-how umsetzen und gemeinsam mit uns weiterkommen wollen. Dafür finden Sie neben geeigneten Rahmenbedingungen für Ihren persönlichen Karriereweg ein transparentes Laufbahnkonzept und ein gezieltes Aus- und Weiterbildungsangebot während Ihrer gesamten beruflichen Laufbahn. Dabei stehen für uns „Training on the Job" sowie „theoretische" Ausbildung gleichrangig nebeneinander. Unsere Aus- und Weiterbildungsveranstaltungen erfolgen durch Fachexperten und qualifizierte Trainer. Streben Sie ein Berufsexamen an, unterstützen wir Sie zeitlich und finanziell auf Ihrem Weg dorthin.

Ihre Bewerbung

Neugierig auf einen Einstieg bei uns? Unter https://karriere.bdo.de finden Sie weitere Informationen und unsere aktuellen Stellenangebote. Auf dieser Seite können Sie sich direkt online bewerben.

Sie möchten gerne Teil unseres Teams werden, haben aber keine passende Stelle auf unserer Jobbörse gefunden? Dann bewerben Sie sich gern initiativ über unser Bewerbungsportal und erzählen Sie uns, wie und wo Sie die Zukunft mit uns gestalten möchten.

Fragen zur Bewerbung oder zu Ihrem Einstieg beantworten Ihnen Annika Höpfner und Juliane Seidel gerne unter:
Tel.: +49 40 30293-600

Wir freuen uns auf Ihre Bewerbung!

BSKP Dr. Broll Schmitt Kaufmann & Partner

Standorte: Berlin, Chemnitz, Dortmund, Dresden, Frankfurt am Main, Freiberg, Heilbronn, Ludwigsburg, Magdeburg, Riesa, Stuttgart

Anzahl der Mitarbeiter: 240
davon Berufsträger: 80 StB/WP/RA

Kontaktpersonen für Bewerbungen:
Für Berlin: WP/StB Matthias Keil
Taubenstraße 20–22, 10117 Berlin
Tel.:+ 49 30 88 00 783-0, Fax: +49 30 88 00 783-99, E-Mail: berlin@bskp.de

Für Dresden: WP/StB Thilmann Horn
Fetscherstraße 29, 01307 Dresden
Tel.: +49 351 318 90-0, Fax: +49 351 318 90-99, E-Mail: dresden@bskp.de

Für Frankfurt am Main: WP/StB Jens Vogler
Paul-Gerhardt-Ring 32, 60528 Frankfurt
Tel.: +49 69 96 78 08-0, Fax: +49 69 96 78 08-26,
E-Mail: frankfurt@bskp.de

Für Stuttgart, Ludwigsburg und Heilbronn: WP/StB Gerd Hegmann
Kleiner Schlossplatz 13–15, 70173 Stuttgart
Tel.: +49 711 722 33 96-0, Fax: +49 711 722 33 96-66,
E-Mail: stuttgart@bskp.de

Voraussichtlicher Bedarf 2023:
Steuer-/Prüfungsassistenten: 3–5
Praktikanten: 3–5
Steuerberater, Wirtschaftsprüfer, Rechtsanwälte: 3–5

Auswahlverfahren:
Analyse der Bewerbungsunterlagen, telefonisches Interview, Vorstellungsgespräch

Ihr Profil:
Wirtschaftswissenschaftliches oder juristisches Studium (Bachelor, Master, Diplom, Staatsexamen) mit Studienschwerpunkten Rechnungswesen, Prüfungswesen, Steuerlehre und Steuerrecht. Gute bis sehr gute Abschlüsse, gute Englisch- und EDV-Kenntnisse, große Motivation, Teamfähigkeit und Engagement sowie die Fähigkeit zum sorgfältigen und präzisen Arbeiten.

Einstiegsgehalt/besondere soziale Leistungen:
- Einstiegsgehalt je nach Qualifikation
- Umfangreiche Fort- und Weiterbildungsmöglichkeiten
- Persönliche und fachliche Unterstützung bei der Vorbereitung auf Berufsexamina

Zusätzliche Informationen über das Unternehmen:
☒ Internetseite (Adresse): www.bskp.de
☐ Bewerberbroschüre
☒ Unternehmensbroschüre

Firmenportrait
BSKP Dr. Broll Schmitt Kaufmann & Partner

Unternehmen

In unserer im Jahre 1990 gegründeten Partnerschaftsgesellschaft Dr. Broll Schmitt Kaufmann & Partner, kurz BSKP, setzt sich ein motiviertes, leistungsstarkes Team aus Spezialisten und hoch qualifizierten Mitarbeitern mit großem Engagement für maßgeschneiderte Lösungen im Interesse unserer Mandanten ein.

Wenn es um die wirklich wichtigen Dinge geht, sind unsere Mandanten mit BSKP immer einen Zug voraus. Warum? Weil wir fundiertes Wissen aus verschiedensten Bereichen unter einem Dach vereinen. Kurze Entscheidungswege sichern schnelles Handeln. Vorausschauendes Planen kalkuliert Risiken und Eventualität ein, so dass neben überlegter Taktik auch alternative Strategien zum Tragen kommen. Dabei legen wir großen Wert auf intensiven und persönlichen Kontakt zwischen Mandant und Berater. Bei uns bekommen unsere Mandanten das Gefühl und die Sicherheit, auf einen vertrauenswürdigen Partner bauen zu können.

Steuerberatung

Ob mittelständisches Unternehmen, global agierender internationaler Konzern, Praxis oder Privatperson, bei allen wirtschaftlichen Aktivitäten sind Steuern wert- und entscheidungsbeeinflussende Faktoren. Wir verstehen es als unser Leitbild und als Herausforderung, für unsere Mandanten die optimale Steuergestaltung zu entwickeln.

Neben der Übernahme der klassischen Aufgaben wie Jahresabschlusserstellung, Finanz- und Lohnbuchhaltung und Steuererklärungen betreuen wir unsere Mandanten auch erfahren und versiert bei komplexen Fragestellungen. Dazu gehören Investitionsentscheidungen, Expansion im In- und Ausland, Sanierung und Krise, Unternehmenskauf und -verkauf, Unternehmensnachfolge, Schenkungen und Erbregelungen sowie Vermögens- und Unternehmensumstrukturierungen aller Art. Auch gemeinnützige Organisationen, Vereine und Stiftungen schätzen unsere Expertise. Wir beraten unsere Mandanten kompetent und individuell, bei Bedarf gemeinsam mit unseren Fachanwälten aus den jeweiligen Rechtsgebieten.

Auch bei grenzüberschreitenden Fragestellungen können wir unsere Mandanten auf höchstem Niveau beraten. Als Mitglied von DFK International, einer der führenden Assoziationen von unabhängigen Wirtschaftsprüfungs- und Steuerberatungsgesellschaften weltweit, stehen uns die Ressourcen und das Know-how von rund 500 Büros in 100 Ländern der Welt zur Verfügung.

Wirtschaftsprüfung

Die Wirtschaftsprüfung ist eine Vorbehaltsaufgabe, bei der Fachkompetenz und Integrität oberste Priorität haben – Werte, die für alle von uns erbrachten Dienstleistungen charakteristisch sind.

Zahlreiche Unternehmen, insbesondere aus dem Mittelstand, aber auch aus dem Gemeinnützigkeitssektor und dem Gesundheitswesen, lassen von unseren Wirtschaftsprüfern gesetzliche und freiwillige Prüfungen durchführen. Ergänzt wird das Portfolio durch ein breites Spektrum prüfungsnaher Dienstleistungen wie Aufbau und Begleitung der internen Revision oder die Überprüfung der internen Kontrollsysteme (IKS). Durch unser Fachwissen und unsere Erfahrung können wir unseren Mandanten Verbesserungspotenziale aufzeigen, die den Wert unserer Prüfung für deren Unternehmen deutlich steigern. Auch für die Bewertung von Unternehmen oder Gesellschaften, beispielsweise im Kontext mit einer Erbschaft oder einer gesellschaftsrechtlichen Auseinandersetzung oder beim Kauf und Verkauf von Unternehmen und Anteilen, können unsere Mandanten auf die Kompetenz unserer Wirtschaftsprüfer zurückgreifen. Bei all diesen Leistungen profitieren unsere Mandanten auch hier von der engen Verzahnung von Wirtschaftsprüfern, Steuerberatern und Rechtsanwälten in unserer Gesellschaft.

Rechtsberatung

Wirtschaftliches Verständnis sowie Kennen und Erkennen der unternehmerischen und branchenspezifischen Gegebenheiten ermöglichen fundierte, rechtlich sichere Beratung und ganzheitliche Lösungen. Wir bieten unseren Mandanten die Grundlagen, mit denen diese für sich und ihr Unternehmen die richtigen Entscheidungen treffen können.

Durch eine umfassende Beratung und Gestaltung von rechtssicheren Verträgen und Verfahrensabläufen können wir zu mehr Rechtssicherheit und Streitvermeidung beitragen. Und falls es zum Streit kommt, setzen wir die Rechte und Ansprüche unserer Mandanten durch. Wir können diesen in sämtlichen Rechtsbereichen des Wirtschaftsverkehrs rechtlichen Rat und Unterstützung geben. Die Expertise unserer Rechtsanwälte wird durch zahlreiche Fachanwaltschaftstitel unterstrichen. Unsere Anwälte arbeiten eng miteinander und mit unseren Steuerberatern und Wirtschaftsprüfern zusammen, um bestmögliche interdisziplinäre Lösungen zu entwickeln und umzusetzen. Wir geben unseren Mandanten verlässliche Antworten.

Karrieremöglichkeiten

Mit dem Eintritt bei Dr. Broll Schmitt Kaufmann & Partner starten Sie Ihre Kariere auf dem Weg zum Steuerberater und Wirtschaftsprüfer. Dabei legen wir Wert darauf, dass Sie von Anfang an eine breit ausgerichtete Ausbildung in allen Bereichen bekommen. Für uns stellt eine breite Ausbildung die beste Basis dar, auch wenn Sie später wünschen, einer Spezialisierung nachzugehen.

Für die Ausbildung haben wir keine vorgefertigten Konzepte, sondern wir legen Wert auf eine an den jeweiligen Berufsanfänger individuell angepasste Ausbildung. Diese umfasst neben internen Schulungen auch externe Seminare bis hin zu den Vorbereitungen auf die Berufsexamina. Dabei unterstützen wir unsere Mitarbeiter in fachlicher, zeitlicher und finanzieller Hinsicht.

Deloitte
Wirtschaftsprüfungsgesellschaft
Steuerberatungsgesellschaft

Schwannstr. 6, 40476 Düsseldorf
Tel.: +49 211 8772-4111, E-Mail: career@deloitte.de
Internet: www.deloitte.com

Standorte: 16 in Deutschland, international in über 150 Ländern vertreten

Anzahl der Mitarbeiter: 9.000
davon Berufsträger: 150 WP, 443 StB, 326 WP/StB, 310 Volljuristen

Kontaktperson für Bewerbung:
Deloitte Recruitingteam
Tel.: +49 211 8772-4111

Voraussichtlicher Bedarf 2023:
Hochschulabsolventen: ca. 800
Berufserfahrene: ca. 600
Praktikanten: ca. 1.000

Auswahlverfahren:
- (virtuelle) Bewerbertage bzw. Recruiting Days
- Telefoninterviews, Einzelinterviews
- Fallstudien

Gewünschte fachliche Qualifikation:
- Studium der Wirtschaftswissenschaften (mit mindestens einer der Spezialisierungen Wirtschaftsprüfung, Revision, Rechnungslegung, Finance & Controlling, Bankwesen/Kreditwirtschaft und/oder Steuerlehre), (Wirtschafts-)Informatik, (Wirtschafts-)Mathematik, Naturwissenschaften und Rechtswissenschaften (mit Schwerpunkt Steuer- oder Gesellschaftsrecht), Geistes- und Sozialwissenschaften (mit ersten einschlägigen Erfahrungen im Audit & Assurance-Umfeld)

- branchenbezogene Praktika – ggf. auch Auslandspraktika sowie verhandlungssichere Deutsch- und Englischkenntnisse

Gewünschte persönliche Qualifikation:
- Teamfähigkeit, Engagement und Eigeninitiative
- Lernbereitschaft
- analytische und konzeptionelle Fähigkeiten
- kundenorientiertes Auftreten
- Mobilität

Einstiegsgehalt/besondere soziale Leistungen:
- finanzielle und zeitliche Unterstützung bei der Vorbereitung auf die Berufsexamina
- maßgeschneiderte Weiterbildungsprogramme
- private Nutzung eines hochwertigen Firmen-Smartphones
- MyCar und MyBike: Leasing von Fahrrädern und PKW für Mitarbeitende zu Deloitte-Konditionen
- Well-being Programm mit Gympass
- Familienservice
- private Unfallversicherung
- betriebliche Altersversorgung
- Mitarbeitervergünstigungen und Rabatte

Zusätzliche Informationen über das Unternehmen:
☒ Internetseite (Adresse): careers.deloitte.com
☐ Recruitingbroschüre
☐ Unternehmensbroschüre

Firmenporträt Deloitte

Als eines der führenden Prüfungs- und Beratungsunternehmen bietet Deloitte mit den Bereichen Audit & Assurance, Risk Advisory, Tax & Legal, Financial Advisory und Consulting umfassende Services. An 16 Standorten in Deutschland beschäftigt Deloitte über 9.000 Mitarbeitende – und im globalen Verbund sind es rund 345.000 Kollegen, die unser Unternehmen in mehr als 150 Ländern auf allen Kontinenten voranbringen.

Audit & Assurance

In unserem Geschäftsbereich Audit & Assurance werden längst nicht nur klassische Jahresabschlussprüfungen durchgeführt. Fachexpert:innen unterschiedlicher Disziplinen wie Wirtschaftsprüfer:innen, Ingenieur:innen und Informatiker:innen sind hier gefragt. Mit scharfem Sachverstand und Präzision bearbeiten sie verschiedene Themen, die von weitläufigen Prüfungsangeboten, internationaler Rechnungslegung und Unternehmensbewertung über prüfungsnahe Beratung bis hin zu IT- und Sonderprüfungen reichen.

Was früher reines Zahlenwerk bedeutete, ist inzwischen zu einem komplexen Aufgabenfeld geworden. Wirtschaftsprüfer:innen müssen das Unternehmen und seine Prozesse bestens kennen und verstehen, wie sich Management-Entscheidungen auswirken könnten, um als Sparringspartner beratend zur Seite stehen zu können.

Risk Advisory

Das Risikomanagement rückt im täglichen Geschäft der Unternehmensleitung zunehmend in den Vordergrund. Deloitte verfügt mit Risk Advisory über eine international führende Beratungspraxis, bei der es darum geht, Organisationen dabei zu helfen, sämtliche geschäftsrelevanten Risiken zu identifizieren und systematisch zu managen. Finanzielle über technologische bis hin zu regulatorischen Themen gilt es zu integrieren.

Tax & Legal

Eine exzellente Steuerberatung für unsere Kunden ist heute anspruchsvoller als je zuvor, denn Gesetze und Richtlinien sind ständig im Wandel. Die Ermittlung der optimalen Rechtsform für ein Unternehmen, die steuerrechtliche Risikoberatung bei Mergers & Acquisitions und grenzübergreifende Steuerfragen gehören ebenso zu unserer Aufgabenvielfalt wie Unterstützung im Transfer Pricing und die Klärung von steuerrechtlichen Fragen. Wir erstellen Steuererklärungen, unterstützen unsere Kunden bei Betriebsprüfungen und vertreten sie gegenüber Finanzbehörden und -gerichten. Die passenden Lösungen zu finden, ist daher nicht nur eine Frage von Fachkompetenz, sondern auch von perfektem Teamwork.

Consulting

Gesamtlösungen, nicht abstrakte Analysen, stehen im Mittelpunkt unserer Beratungstätigkeit im Bereich Consulting. Unsere Dienstleistungen sind hier sehr vielfältig und umfassen exzellente Strategie- und Managementberatung genauso wie hoch spezialisierte IT- und Technologieberatung. Je nach Marktsegment und Anforderung arbeitest du in Expertenteams, die über das passende Spezialwissen aus den Bereichen Finance und Controlling, Banking, Marketing, IT, Logistik und Produktion sowie Human Resources verfügen.

Financial Advisory

Besonderes Fingerspitzengefühl ist bei den abwechslungsreichen Aufgaben im Bereich Financial Advisory gefragt. Gerade wenn es um hochsensible Themen wie den Unternehmenskauf und -verkauf, die Optimierung von Finanzstrukturen oder den Börsengang geht, bietet Deloitte das nötige Know-how.

Die Deloitte-Unternehmenskultur

Was uns ausmacht, sind mutige Vorausdenker:innen, die jeden Tag einen hohen Anspruch an sich selbst stellen und innovative Impulse einbringen. Dafür bieten wir unseren Mitarbeitenden Freiräume, um Neues zu schaffen und Ideen zu verfolgen. Diese Kultur haben wir mit unserem Innovationsmanagement fest untermauert. Sie ist geprägt durch eine Philosophie der offenen Türen und maximalen Freiräume. Sie beinhaltet die volle Unterstützung bei der Verwirklichung deiner Karriereplanung. So kannst du systematisch dein eigenes Potenzial entfalten und selbst entscheiden, wie weit du gemeinsam mit uns kommen willst.

Dein Karriereplan bei Deloitte

Ob du als Praktikant:in oder als Hochschulabsolvent:in bei uns einsteigst, bei Deloitte kannst du in jedem unserer Geschäftsbereiche Karriere machen. Wir entwickeln deine Laufbahn gemeinsam mit dir und unterstützen dich dabei auf jeder Stufe deiner beruflichen Karriere. Der Weg nach oben führt über mehrere Schritte bis zur Position „Partner:in". Auf jeder Stufe unterstützen wir mit gezielten Trainings. Grundsätzlich gilt aber: Das „up-or-out-Prinzip" gibt es bei uns nicht. Viel wichtiger ist uns, dass gute Mitarbeitende langfristig bei uns bleiben und ihr Potenzial bestmöglich nutzen.

Der erste Schritt zum Erfolg – das Praktikum

Als Praktikant:in bei Deloitte erhältst du Einblick in unseren Berufsalltag, knüpfst Kontakte und lernst unsere Unternehmenskultur kennen. Wir legen viel Wert darauf, dich auch schon während deines Praktikums voll zu integrieren und zu fördern. Daher übertragen wir dir kleinere Aufgabenbereiche, die du eigenverantwortlich bearbeitest. Wenn du dich besonders bewährst, hast du die Chance, in unsere Talent Community aufgenommen zu werden. Deine Vorteile: Du profitierst von einem vereinfachten Bewerbungsprozess und wirst exklusiv zu spannenden Events, Workshops und Webinaren eingeladen.

Für ein Praktikum solltest du mindestens sechs Wochen Zeit mitbringen und dich in deinem Studium für Schwerpunkte entschieden haben, die für den Prüfungs- und Beratungsbereich relevant sind.

Bachelor oder Master? – Willkommen an Bord!

Du hast deinen Bachelor in der Tasche? Wunderbar, dann kann es ja gleich losgehen. Als Mitglied eines Prüfungs- oder Beratungsteams übernimmst du schon früh eigenständige Aufgabenkomplexe. So erhältst du viel Raum für deine persönliche Entwicklung. In einer durch offene Kommunikationsstrukturen geprägten Arbeitsumgebung kannst du deine Stärken einbringen und Verantwortung übernehmen.

Masterförderung

Du möchtest noch einen draufsetzen und deinen Master machen? Wir unterstützen dich dabei. Wir arbeiten mit verschiedenen Hochschulen zusammen, um unseren High Potentials den praxisbezogenen, berufsbegleitenden Masterstudiengang AuditXcellence anzubieten. Auf diesem Karriereweg zum Wirtschaftsprüferexamen kannst du den Masterabschluss mit dem Berufsexamen kombinieren, denn einige Studienleistungen können auf das Examen angerechnet werden.

Die Kolleg:innen aus der Steuerberatung erhalten durch den Mannheimer Master of Accounting & Taxation (MaMAT) wesentliche Vorteile, da die im Studienplan integrierten Repetitorien und Klausurvorbereitungskurse eine gute Vorbereitung auf die Steuerberatungspraxis bieten. Zudem wird der MaMAT umfassend finanziell und zeitlich durch Deloitte gefördert.

Training und Entwicklung

Wir bieten unseren Mitarbeitenden regelmäßige Trainings zur fachlichen und persönlichen Weiterentwicklung, die speziell auf ihren Bereich und ihre Position zugeschnitten sind.

Förderung von Berufsexamina: Deine theoretische und praktische Ausbildung ist so aufgebaut, dass du systematisch auf das für deinen Aufgabenbereich relevante Examen – z. B. Steuerberater und/oder Wirtschaftsprüfer – vorbereitet wirst. Zeitliche Freiräume sowie unsere großzügige finanzielle Förderung halten dir während der Prüfungsphase den Rücken frei, damit du dich auf das Wesentliche konzentrieren kannst.

International Assignments: Durch die Arbeit an grenzüberschreitenden Projekten erweiterst du immer wieder deinen Horizont. Je nach Einsatzgebiet arbeitest du schon früh in international zusammengesetzten Teams mit. Bei entsprechender Qualifikation und Berufserfahrung sammelst du während eines bis zu drei Jahren dauernden Auslandseinsatzes Erfahrungen und Eindrücke in fremden Kulturen.

Neugierig auf spannende Aufgaben? – Dein Weg zu uns

Unser Angebot an spannenden und herausfordernden Aufgaben findest du im Internet unter careers.deloitte.com. Dort kannst du deine Bewerbung gleich online hochladen. Fragen rund um den Bewerbungsprozess und zum Einstieg bei Deloitte beantwortet dir gern unser Recruitingteam unter career@deloitte.de.

Wir freuen uns auf dich!

dhpg

Marie-Kahle-Allee 2, 53113 Bonn
Tel.: +49 228 81000 0, Fax: +49 228 81000 20
Internet: www.dhpg.de

Standorte: Aachen, Berlin, Bonn, Bornheim (Rheinland), Euskirchen, Frankfurt, Gummersbach, Köln, Mönchengladbach, Trier, Wiesbaden

Anzahl der Mitarbeiter: mehr als 600
davon Berufsträger: rund 170 WP/StB/RA

Kontaktperson für Bewerbung:
Alexandra Schäfers, Tel.: +49 228 81000 0,
E-Mail: bewerbung@dhpg.de

Voraussichtlicher Bedarf 2023:
Praktikanten & Werkstudenten (m/w/d): 15–20
Duale Studenten (m/w/d): nach Bedarf
Steuerfachangestellte (m/w/d): nach Bedarf
Steuer- und Prüfungsassistenten (m/w/d): 20–30

Auswahlverfahren:
- Onlinebewerbung via karriere.dhpg.de
- Sichtung der Unterlagen durch die Personal- und Fachverantwortlichen
- Erstes Kennenlernen via Telefon oder Teams
- I. d. R. zweites Gespräch vor Ort
- Ggf. Assessment-Center/Fallstudie

Gewünschte fachliche Qualifikation:
- Erfolgreicher Bachelor- oder Masterabschluss im Bereich der Wirtschaftswissenschaften, Steuerlehre, Rechtswissenschaften oder Wirtschaftsinformatik
- Idealerweise erste relevante Erfahrungen in Form von Praktika, Werkstudententätigkeiten oder einer Ausbildung zum Steuerfachangestellten (m/w/d)

Gewünschte persönliche Qualifikation:
- Freude an der Arbeit in interdisziplinären Teams
- Selbstständige Arbeitsweise mit hohem Qualitätsanspruch
- Kommunikationsstärke
- Hohe Lernbereitschaft
- Neugier auf die Herausforderungen der Arbeitswelt 4.0
- Interesse an fachlichen Fortbildungen

Einstiegsgehalt/besondere soziale Leistungen:
- Branchenübliche Vergütung
- 30 Urlaubstage
- Flexible Arbeitszeiten
- Möglichkeiten zu mobilem Arbeiten
- Modernes Arbeitsumfeld
- Finanzielle & fachliche Unterstützung bei Weiterbildungen & Berufsexamina
- Interne Fortbildungsangebote
- Umfangreiche Einarbeitung
- Kollegiales Miteinander und langfristige berufliche Perspektiven
- Zentrale Lage und gute Verkehrsanbindung

Zusätzliche Informationen über das Unternehmen:
- [X] Internetseite (Adresse): https://karriere.dhpg.de
- [ ] Bewerberbroschüre: https://www.dhpg.de/go/eS9-0b4
- [ ] Unternehmensbroschüre: https://www.dhpg.de/go/fmm-f42

Sonstiges:
Die dhpg bietet Mitarbeitenden eine systematische Personalentwicklung, orientiert an ihrem Vorwissen und entsprechend der jeweiligen Laufbahnstufe. Berufseinsteiger:innen werden in dem eigens für sie entwickelten StartUp-Programm durch regelmäßige, standortübergreifende Schulungen in ihrem ersten Berufsjahr begleitet.
Das monatliche Magazin dhpg aktuell können Sie von unserer Website www.dhpg.de beziehen. Hier sind neben Neuigkeiten aus Wirtschaft, Steuern und Recht aktuelle Veröffentlichungen und Veranstaltungen unter Beteiligung unserer Mitarbeitenden und Partner dargestellt.
Vernetzen Sie sich gerne auch auf Xing, LinkedIn oder Facebook mit uns!

Firmenporträt dhpg

National und International

Wir sprechen die Sprache des Mittelstands, weil wir selbst mittelständische Berater sind. Die dhpg ist eines der führenden, mittelständischen Prüfungs- und Beratungsunternehmen in Deutschland, das sich auf die Kernbereiche Wirtschaftsprüfung, Steuerberatung, Rechtsberatung sowie Insolvenzverwaltung, Sanierungsberatung und IT-Services spezialisiert hat. Das Unternehmen gehört mit mehr als 600 Mitarbeitenden an elf Standorten zu den 15 größten seiner Branche. Die dhpg ist Teil des Nexia-Netzwerks, das mit über 35.000 Mitarbeitenden in mehr als 125 Ländern und einem Umsatzvolumen von 5,1 Milliarden US-Dollar zu den Top 10 der internationalen Beratungs-Netzwerke zählt.

Mandanten – wir beraten Sie persönlich

Die dhpg unterstützt Unternehmen und Privatpersonen in nahezu allen wirtschaftlichen Belangen. Als inhabergeführtes Beratungsunternehmen hat die persönliche Betreuung aller Mandanten oberste Priorität. Neben inhabergeführten Unternehmen werden kapitalmarktorientierte Unternehmen, Freiberufler/Selbstständige, Non-Profit-Organisationen sowie Unternehmen der öffentlichen Hand betreut.

Mitarbeitende – systematisch Stärken entwickeln

Persönliche Betreuung bei der dhpg bedeutet auch, dass Mitarbeitende gezielte fachliche wie überfachliche Weiterbildung erfahren. Unsere Personalentwicklung berücksichtigt das individuelle Profil und sichert so das berufliche Engagement der Mitarbeitenden sowie die nachhaltig hohe Qualität in der Beratung.

Interview mit Sven Mandt, Wirtschaftsprüfer und Steuerberater

Herr Mandt, wie wird man eigentlich Wirtschaftsprüfer/Steuerberater bei der dhpg?

Da gibt es mehrere Wege. Bei mir war es so, dass ich zunächst eine Ausbildung zum Steuerfachangestellten bei der dhpg gemacht habe. Damals war mir aber schon klar, dass ich ein Bachelor-Studium und das Steuerberaterexamen anhängen werde. Das Wirtschaftsprüfer-Examen stand zunächst gar nicht auf meiner Agenda. Doch mein Mentor bei der dhpg hat mich davon überzeugt, dass der Wirtschaftsprüfer im Sinne einer ganzheitlichen Beratung eine gute Ergänzung darstellt. Wer sich dafür entscheidet, muss sich bewusst sein, dass er für eine Weile auf Einiges verzichtet. Heute bin ich froh, beide Examen gemacht zu haben.

Wie können sich Studierende den Start in den Beruf des Steuerberaters und Wirtschaftsprüfers vorstellen?

Dort, wo Unternehmen den Steuerberatern und Wirtschaftsprüfern früher Kisten gefüllt mit Ordnern zur Verfügung gestellt haben, reicht heute ein Tablet. Die Prozesse in der Abschlussprüfung und Steuerberatung verändern sich enorm. Für Jobinteressenten bedeutet dies, sich nicht nur mit Zahlen, sondern auch mit IT-Fragen wohlzufühlen. Der Aufbau von Risikomanagementsystemen, der Internen Revision oder die generellen Fragen nach Compliance und Governance, mit denen sich Unternehmen vielfach befassen müssen, verstärken diesen Trend.

Was unterscheidet die mittelständische Prüfungs- und Beratungsgesellschaft von den Big4?

Nach ein paar Jahren bei den Big4 bin ich zur dhpg zurückgekehrt. An der mittelständischen Prüfungs- und Beratungsgesellschaft schätze ich, dass man sich spezialisieren kann, wenn man möchte, es aber nicht unbedingt muss. Ich persönlich mag es, eine Vielfalt an Aufgaben zu bedienen und arbeite gerne mit Fachkolleginnen und -kollegen zusammen, wenn Themenfelder anstehen, in denen ich mich nicht zu Hause fühle. So habe ich viele Facetten des Jobs und unterschiedliche Branchen kennengelernt sowie rasch selbstständig Mandate übernehmen können.
Innerhalb der dhpg gibt es ein gutes und faires Miteinander, flexible und auf die Lebenssituation abgestimmte Arbeitszeitmodelle sowie gute Entwicklungschancen. Einsteigenden wie Berufserfahrenen werden klar strukturierte

Fahrpläne für die fachliche und persönliche Entwicklung an die Hand gegeben. Über die Nexia-Mitgliedschaft sind wir international eingebunden und nehmen international an deren Konferenzen teil. Somit gibt es in der mittelständischen Beratung aus meiner Sicht nichts, was ich vermissen würde.

Was empfehlen Sie Studentinnen und Studenten als Vorbereitung auf ihren Berufseinstieg?

Auf jeden Fall sind längere Praktika bei einer Wirtschaftsprüfungs- und Steuerberatungsgesellschaft sinnvoll, also mindestens 6 Wochen. So kann man herausfinden, welche Schwerpunkte besser zur eigenen Persönlichkeit und den Fähigkeiten passen. Günstig wäre zusätzlich ein internationales Praktikum, das man sich zumeist durch eigenes Engagement verschaffen muss. Unabdingbar für die anspruchsvolle Beratungspraxis sind solide Englischkenntnisse.

Wie erfolgt dann ein guter Einstieg ins Unternehmen?

Den dhpg Führungskräften gelingt es, neue Mitarbeiterinnen und Mitarbeiter gut ins Team zu integrieren. Somit können diese sich darauf verlassen, eine umfassende Einarbeitung zu erhalten, die ihnen den Einstieg ins Unternehmen erleichtert. Letztlich kommt man nicht als perfekter Mitarbeitender ins Unternehmen, auch wenn man das als Bewerbender manchmal „mit einem Augenzwinkern" so sieht.

Herr Mandt, vielen Dank für das Gespräch!

Wir beraten Sie persönlich

dhpg Standorte

Aachen
Adalbertsteinweg 34
52070 Aachen
T +49 241 8874783 0
F +49 241 8874783 20
E aachen@dhpg.de

Berlin
Jean-Monnet-Straße 2
10557 Berlin
T +49 30 203015 0
F +49 30 203015 20
E berlin@dhpg.de

Bonn
Marie-Kahle-Allee 2
53113 Bonn
T +49 228 81000 0
F +49 228 81000 20
E bonn@dhpg.de

Bornheim (Rheinland)
Adenauerallee 45-49
53332 Bornheim
T +49 2222 7007 0
F +49 2222 7007 199
E bornheim@dhpg.de

Euskirchen
Carmanstraße 48
53879 Euskirchen
T +49 2251 7009 0
F +49 2251 7009 50
E euskirchen@dhpg.de

Frankfurt
Lurgiallee 16
60439 Frankfurt am Main
T +49 69 57005 0
F +49 69 57005 190
E frankfurt@dhpg.de

Gummersbach
Bunsenstraße 10a
51647 Gummersbach
T +49 2261 8195 0
F +49 2261 8195 199
E gummersbach@dhpg.de

Köln
Erna-Scheffler-Straße 3
51103 Köln
T +49 221 33636 0
F +49 221 33636 36
E koeln@dhpg.de

Mönchengladbach
Enscheder Straße 9
41069 Mönchengladbach
T +49 2161 27752 22
F +49 2161 27752 23
E moenchengladbach@dhpg.de

Trier
Simeonstiftplatz 1
54290 Trier
T +49 651 2006853 0
F +49 651 2006853 60
E trier@dhpg.de

Wiesbaden
Kreuzberger Ring 7a
65205 Wiesbaden
T +49 611 99930 0
F +49 611 99930 30
E wiesbaden@dhpg.de

Nationale und internationale Kooperation

Nexia Deutschland GmbH: www.nexia.de
Nexia International: www.nexia.com

Ebner Stolz

Kronenstr. 30, 70174 Stuttgart,
Tel.: +49 711 2049-0, Fax: +49 711 2049-1438
E-Mail: mail@ebnerstolz.de, Internet: www.ebnerstolz.de/karriere

Standorte: Berlin, Bonn, Bremen, Düsseldorf, Frankfurt, Hamburg, Hannover, Karlsruhe, Köln, Leipzig, München, Reutlingen, Siegen, Stuttgart

Mitarbeiter: über 1.900

Leistungsspektrum:
Wirtschaftsprüfung, Steuerberatung, Rechtsberatung, Unternehmensberatung

Umsatz 2021: EUR 301,1 Mio.

Personalbedarf 2023:
Rund 185 Absolventen und 210 Praktikanten

Auswahlverfahren:
Wir interessieren uns für Dich als Person und freuen uns auf ein persönliches Kennenlernen. Wir verzichten bewusst auf anonyme Assessment Center und nehmen uns ausreichend Zeit, damit sowohl Du als auch wir einen bestmöglichen Eindruck voneinander bekommen.

Gewünschte fachliche Qualifikation:
Wirtschaftswissenschaften, Rechtswissenschaften, (Wirtschafts-)Informatik, (Wirtschafts-)Mathematik, Wirtschaftsingenieurwesen

Einstiegsgehalt/besondere soziale Leistungen:
- Flexible Arbeitszeiten
- Wertkonto für individuelle Freistellungsphasen
- Überstundenregelung
- Mobiles Arbeiten
- Corporate Benefits (Mitarbeiterrabatte)
- Jobrad

- Attraktive Weiterbildungsangebote und einzigartige Examensförderung
- Zentrale Lage und gute Verkehrsanbindung

Kontaktperson für Fragen und Bewerbungen:
Manuela Dietrich, HR Recruiterin – Campus Recruiting
Tel: +49 711 2049-1777, E-Mail: manuela.dietrich@ebnerstolz.de

Firmenporträt Ebner Stolz

Wollen Sie wissen, was Unternehmen erfolgreich macht? Direkt mit Entscheidern am Tisch sitzen? Unmittelbar erleben, was Ihr Können bewirkt? Gemeinsam mit Ihnen bringt Ebner Stolz den Mittelstand voran – in Wirtschaftsprüfung, Steuer-, Rechts- und Unternehmensberatung. Mit über 1.900 Mitarbeitern sind wir deutschlandweit präsent, weltweit an mehr als 720 Standorten unseres internationalen Netzwerks „Nexia International". Unser Erfolg lebt von starken Typen mit Ecken und Kanten. Deshalb stehen wir für Freiraum statt Vorgaben. So können Sie fachlich Ihr Thema entdecken und vorantreiben. Bei Ebner Stolz entwickeln Sie sich schneller und mit dem Blick aufs große Ganze. Denn wir arbeiten über Hierarchien und Spezialthemen hinweg zusammen. Bewegen Sie mit uns den Mittelstand!

Wirtschaftsprüfung und Steuerberatung

Steuerberatung oder Wirtschaftsprüfung? Wir sagen ganz klar: Bei uns ist auch ein „und" möglich. An vielen Standorten gibt es die Möglichkeit, in einem generalistischen Team einzusteigen und beide Tätigkeitsfelder kennen zu lernen. Viele unserer Mitarbeiter schätzen die Vielfältigkeit der Aufgaben sehr und vertiefen erst einmal ihre Kenntnisse auf beiden Gebieten, bevor sie sich für einen Schwerpunkt entscheiden. Auch durch unsere mittelständisch geprägten Mandate werden wir in unserer täglichen Arbeit laufend mit Fragestellungen aus beiden Bereichen konfrontiert.

Aufgabengebiete

Was erwartet Sie in der Steuerberatung?

Sie lotsen im Team unsere Mandanten durch die schwere See der steuerlichen Vorschriften. Ihr Aufgabenspektrum geht dabei weit darüber hinaus, eine Steuererklärung auszufertigen. Denn Ihre Beratung umfasst beispielsweise auch die Steueroptimierung: bei Unternehmensgründungen und -umstrukturierungen, bei wirtschaftlichen Veränderungen, Aktivitäten im Ausland und beim Generationenwechsel.

Was erwartet Sie in der Wirtschaftsprüfung?

Zusammen mit Ihrem Team führen Sie Jahresabschlussprüfungen nach nationalen und internationalen Rechnungslegungsstandards durch. Damit sichern Sie das Vertrauen der Öffentlichkeit (zum Beispiel von Banken und Anlegern) in Unternehmen. Daneben erwarten Sie aber auch spannende Aufgaben aus den Themenfeldern Corporate Finance, Interne Revision und Restrukturierung.

Gesuchte Qualifikationen

Menschen mit einer Affinität zu Zahlen sind bei uns richtig! Bei Ebner Stolz finden Sie in einer unserer vier Disziplinen die Aufgabe, die zu Ihnen passt. Das ist für beide Seiten gut: Denn nur was Spaß macht, macht man auch richtig gut.

Was macht es besonders, für uns zu arbeiten?

In Wirtschaftsprüfung und Steuerberatung ist Ebner Stolz als Arbeitgeber die Alternative zu den Big4. Sie arbeiten für kleine und große Champions aus dem Mittelstand. Dabei entdecken Sie Ihr Spezialthema oder treiben es gezielt voran, ohne das unternehmerische Ganze aus den Augen zu verlieren. Sie profitieren als Teil eines tollen Teams von den guten Entwicklungsmöglichkeiten, die Ihnen unser überdurchschnittliches Wachstum ermöglicht.

Wie würden wir die Firmenkultur umschreiben?

Bei Ebner Stolz arbeiten Sie mit echten mittelständischen Unternehmern und im Austausch mit der obersten Führungsebene zusammen. Die Türen stehen bei Ebner Stolz in der Regel offen, sodass Sie bei fachlichen wie privaten Fragen kurze Wege haben, um sich mit Kollegen oder Ihrem Vorgesetzten auszutauschen. Starres Hierarchiedenken liegt uns nicht. Wir haben Interesse an unseren Kollegen und führen Gespräche auf Augenhöhe. Bei uns finden Sie tolle Typen, ausgelassene Feste und viel Raum für Persönlichkeit. Nur eine stetige Weiterentwicklung bringt Sie und uns voran. Deshalb herrscht bei uns eine Kultur des „lebenslangen Lernens". Das zeigt sich an unserem umfangreichen Angebot zur Weiterbildung, von dem Sie durch den gesamten Zyklus als Mitarbeiter von Ebner Stolz profitieren. Probieren Sie es daher doch einfach einmal aus, bei uns werden Sie sich schnell am richtigen Platz fühlen.

ECOVIS Wirtschaftstreuhand GmbH Wirtschaftsprüfungsgesellschaft
ECOVIS AG Steuerberatungsgesellschaft

Personalwesen Süd, Christoph-Rapparini-Bogen 27, 80639 München
Personalwesen Nord, Am Campus 1–11, 18182 Rostock-Bentwisch

Standorte: Berlin, Hamburg, München, Rostock, Chemnitz, Dresden, Hannover, Düsseldorf und über 100 weitere Standorte in Deutschland sowie internationale Standorte in nahezu 80 Ländern.

Anzahl der Mitarbeiter: mehr als 2.100 Mitarbeiterinnen und Mitarbeiter, fast 9.300 in über 80 Ländern weltweit

Kontakt für Bewerbung:
E-Mail: personal@ecovis.com, Tel.: +49 89 5898-1402 oder
Tel.: +49 381 649-114

Voraussichtlicher Personalbedarf 2023:
- Praktikanten, Werkstudenten und Absolventen an unterschiedlichen Standorten

Auswahlverfahren für Steuer- und Prüfungsassistenten:
Vollständige Bewerbungsunterlagen (Onlinebewerbung oder E-Mail), Einzelgespräche

Gewünschte fachliche Qualifikation:
- wirtschaftswissenschaftliches oder juristisches oder agrarwissenschaftliches Studium mit einschlägigen Schwerpunkten und gutem Abschluss
- erste Praxiserfahrungen (bspw. durch Ausbildung zum/zur Steuerfachangestellten, Praktika oder Referendariat)
- gute Englischkenntnisse, Interesse an IT-Themen
- Interesse und Freude daran, die Digitalisierung voranzutreiben und Arbeitsabläufe und Prozesse laufend zu optimieren

Gewünschte persönliche Qualifikation:
- Sie behalten einen kühlen Kopf – auch wenn es mal heiß hergeht.
- Sie sind flexibel, ohne sich verbiegen zu lassen.
- Sie können Spielmacher und Teamplayer sein.
- Sie wollen noch etwas lernen, bringen aber auch schon eigene Ideen mit.
- Sie wissen, dass Kritik immer eine konstruktive Seite haben muss.
- Sie kommunizieren klar, direkt und das auch mit Fingerspitzengefühl.

Einstiegsgehalt/besondere soziale Leistungen:
Je nach Qualifikation und Berufserfahrung. Strukturiertes Mitarbeiterentwicklungssystem. Umfangreiche Aus- und Fortbildung durch die Ecovis Akademie. Diverse Benefits. Mitarbeitervergünstigungen und Rabatte. Mobiles Arbeiten. Flexible Arbeitszeitmodelle. Attraktive Karrieremöglichkeiten. Fachliche und finanzielle Unterstützung bei Examensvorbereitung (inkl. Freistellung)

Zusätzliche Informationen über das Unternehmen:
☒ Internetseite (Adresse): www.ecovis-karrierewelt.de
☐ Bewerberbroschüre
☒ Unternehmensbroschüre

Sonstiges:
berufsbegleitende Studiengänge

Firmenporträt ECOVIS

Das Unternehmen

Ecovis hat sich seit der Gründung 2003 erfolgreich auf dem Markt etabliert: als Unternehmen aus Steuerberatern, Wirtschaftsprüfern, Rechtsanwälten und Unternehmensberatern mit Schwerpunkt auf den speziellen Bedürfnissen von inhaber- und familiengeführten Unternehmen und Privatpersonen.

Unser Erfolgsrezept: Wir machen aus profundem Wissen die richtige Lösung. Denn wir arbeiten sowohl interdisziplinär als auch international und können ein größeres Leistungsspektrum anbieten als kleinere und mittelgroße Kanzleien vor Ort. Gleichzeitig entwickeln wir im Gegensatz zu den großen Wirtschaftsberatungen individuelle Lösungen mit Augenmaß für den Mittelstand.

Wir sichern jederzeit und überall das wirtschaftliche Handeln unserer Mandanten. Dafür bringen wir unsere breite Expertise aus den verschiedensten Wirtschaftszweigen ein. Fünf Eigenschaften charakterisieren unsere Arbeit:

Ganz in Ihrer Nähe – überall auf der Welt

Ob als Privatperson oder als Unternehmer, ob im Inland oder international – wir sind an Ihrer Seite. Mit Ecovis haben Sie immer Heimvorteil. Die räumliche Nähe erleichtert die direkte Kommunikation und ermöglicht ein tieferes Verständnis Ihrer Situation – Grundvoraussetzungen für eine vertrauensvolle, erfolgreiche Partnerschaft.

Eine unserer Kanzleien in Deutschland ist auch in Ihrer Nähe und bietet Ihnen kompetente persönliche Beratung und Betreuung vor Ort.

Mit Kanzleien in über 80 Ländern sichert Ecovis Ihr unternehmerisches Handeln auch weltweit ab. Nutzen Sie bei Ecovis den Heimvorteil – an Ihrem Standort und weltweit.

Ihr persönlicher Berater – mit dem Wissen von über 9.000 weiteren Köpfen

Sie als Unternehmer wissen: Gute Kunden und engagierte Mitarbeiter sind das wertvollste Kapital eines Unternehmens. Diese Erkenntnis leitet auch unser Handeln.

Ihr persönlicher Ansprechpartner bei Ecovis vor Ort ist selbst Unternehmer. Das verbindet, schafft Vertrauen und Wertschätzung. Zugleich bietet Ihnen Ecovis das fachübergreifende Leistungsspektrum und die hohe Beratungsqualität eines Topunternehmens mit weltweit über 9.000 Mitarbeitern.

Ob Steuerberatung oder Wirtschaftsprüfung, Rechts- oder Unternehmensberatung – die verantwortlichen Ecovis Partner verbinden hohe Fachkompetenz mit unternehmerischem Denken und Handeln.

Jeder Ecovis Berater kann jederzeit auf die Expertise der Ecovis Fachabteilungen sowie die Branchen und Landeskenntnisse seiner Kollegen im In- und Ausland zugreifen.

Profitieren Sie von dem Wissensschatz Ihres persönlichen Ecovis Beraters.

Profund bis auf den Grund – und dabei das Ganze im Blick

Ob Sie als Unternehmer oder privat betroffen sind – auf viele steuerliche, rechtliche oder wirtschaftliche Fragen, die Sie bewegen, gibt es keine einfachen Antworten. Denn die Welt, in der wir agieren, wird immer komplexer. Optimale Beratung erfordert daher mehr denn je, fundiertes Detailwissen aus verschiedenen Fachgebieten zielgerichtet zu kombinieren.

Durch unseren ganzheitlichen Ansatz und die enge Zusammenarbeit von Experten verschiedener Disziplinen sind wir bestens gerüstet, Ihre Probleme von heute und morgen zu lösen.

Spezielles Know-how verschiedener Branchen haben wir für Sie in Kompetenzzentren gebündelt.

Holen Sie sich bei Ecovis den Rat, den Sie brauchen – umfassend und präzise.

Jedes Mandat ist besonders – Standard ist nur die hohe Beratungsqualität

Selbstverständlich kümmern wir uns für Sie um die klassischen Aufgaben: Ihre Buchführung und Bilanzierung, die Optimierung Ihrer Steuerlast oder die Vertretung in Rechtsangelegenheiten. Unser Beratungsangebot reicht aber weit darüber hinaus. Wir begleiten Sie als vielseitiger Partner und helfen Ihnen, die Weichen für die Zukunft Ihres Unternehmens richtig zu stellen, Ihre Finanzierungsfragen zu lösen und Ihr Vermögen zu erhalten.

Gemeinsam mit Ihnen finden und realisieren wir kreative Lösungen, die genau auf Ihre Ziele und Ihre individuelle Situation zugeschnitten sind.

Zugleich optimieren wir ständig unsere Prozesse und Methoden, um unsere Arbeit schneller und besser zu machen. So sichern wir hohe Beratungsqualität zu einem attraktiven Preis-Leistungs-Verhältnis.

Erleben Sie bei Ecovis, was es heißt, persönlich gut beraten zu sein.

Wir beraten Unternehmer – und sind selbst Unternehmer

Unsere Berater sind auch unternehmerisch an den Kanzleien beteiligt. Daher wissen wir aus eigener Erfahrung, was Unternehmer brauchen. Und sprechen auf Augenhöhe von Unternehmer zu Unternehmer.

Wir von Ecovis bieten damit dem Mittelstand eine neue Dimension von Beratungsqualität: kompetente und langfristige Begleitung für das lokale, regionale, nationale und internationale Geschäft – dabei immer individuell und persönlich.

Besondere Leistungen

Das Spektrum der Beratung und Dienstleistungen durch Ecovis ist so breit wie die ganze Palette der unternehmerischen Herausforderungen.

Wir stellen alle Unterlagen für das Finanzamt bereit und wickeln das gesamte Rechnungs- und Belegwesen einschließlich des Zahlungsverkehrs komplett ab. Dabei setzen wir auf höchste Effizienz durch Digitalisierung und Online-Lösungen.

Bei uns finden Unternehmer auch Experten für mittelstandsgerechte Finanzplanung oder die Einführung betriebswirtschaftlicher Steuerungs- und Überwachungssysteme. Unsere Berater unterstützen beim Vorbereiten und Durchführen von Haupt- und Gesellschafterversammlungen und arbeiten die richtigen Meilensteine der Unternehmensentwicklung aus – von der Existenzgründung über Firmentransaktionen bis zur Regelung der Unternehmensnachfolge. Sie lösen Restrukturierungs- und Sanierungsfälle und sorgen dafür, dass Privatvermögen und persönliche Altersvorsorge unabhängig von der Entwicklung des Unternehmens gesichert sind. Wenn es um staatliche Zuwendungen für die Finanzierung betrieblicher Vorhaben geht, helfen unsere Fördermittelexperten, sich im Dickicht der vielfältigen Angebote zurechtzufinden und die bestmögliche Förderung auszuschöpfen.

Wachstum

Seit Gründung ist Ecovis stärker als die Branche gewachsen. Dabei legen wir stets Wert auf ein organisches Wachstum und die Nachhaltigkeit unseres unternehmerischen Handelns.

Neben dem Wachstum aus eigener Kraft öffnen wir uns konsequent für Kanzleien, die zu unserem Unternehmen und unseren Mandanten passen. Zum einen erweitern wir bereits bestehende Standorte um erfahrene und engagierte Kollegen, indem wir im Rahmen berufsüblicher Konditionen den Mandantenstamm und die Mitarbeiter übergebender Kanzleien erwerben. Zum anderen integrieren wir Kanzleien und Kollegen an ausgewählten neuen Standorten, die sich mit und innerhalb von Ecovis weiterentwickeln wollen. Hier reicht das Spektrum von einer Integrationsphase ohne gesellschaftsrechtliche Beteiligung über eine anfängliche niedrige Beteiligung bis hin zum Vollerwerb. Alle Kanzleien und letztlich alle Mandanten profitieren von den Stärken und Leistungen unserer Ecovis-Gruppe.

Ecovis – Daten und Fakten

- Gegründet 2003 durch Zusammenschluss der BayLa-Gruppe sowie der Grieger Mallison-Gruppe
- Dachgesellschaft: ECOVIS AG Steuerberatungsgesellschaft, Berlin
- Über 100 Standorte in Deutschland

- Partnerkanzleien in über 80 Ländern in fünf Erdteilen: Europa, Afrika, Asien, Amerika und Australien
- Fast 9.300 Mitarbeiterinnen und Mitarbeiter weltweit
- Umsatz 2021: 206,6 Mio. Euro in Deutschland, 1.197,5 Mio. Euro (1.428,3 Mio. US-Dollar) weltweit[1]

---

[1] Inkl. Umsatz der assoziierten Netzwerkpartner in den USA.

EY (Ernst & Young)

Standorte:
Deutschland: 20
weltweit: 700 + Büros in mehr als 150 Ländern
(internationale EY-Organisation)

Anzahl der Mitarbeitenden:
Deutschland: mehr als 11.000
weltweit: rund 312.250 (internationale EY-Organisation)

Karriereseite:
www.de.ey.com/karriere

Kontakt für Bewerbung:
jobsgermany.ey.com

Die globale EY-Organisation im Überblick:
Die globale EY-Organisation ist ein marktführendes Unternehmen in der Wirtschaftsprüfung, Steuer- und Rechtsberatung sowie in den Bereichen Strategy and Transactions und Consulting. Mit unserer Erfahrung, unserem Wissen und unseren Leistungen stärken wir weltweit das Vertrauen in die Wirtschaft und die Finanzmärkte. Dafür sind wir bestens gerüstet: mit hervorragend ausgebildeten Mitarbeitenden, starken Teams, exzellenten Leistungen und einem sprichwörtlichen Kundenservice. Unser Ziel ist es, Dinge voranzubringen und entscheidend besser zu machen – für unsere Mitarbeitenden, unsere Mandant:innen und die Gesellschaft, in der wir leben. Dafür steht unser weltweiter Anspruch „Building a better working world".

Wen wir suchen:
Wir suchen Persönlichkeiten, die etwas bewegen wollen und mehr als eine Karriere suchen.

Als Teamplayer:in stellst du deine soziale Kompetenz unter Beweis. Ob als Berufseinsteiger:in oder mit einigen Jahren Erfahrung – wir bieten dir zahlreiche Möglichkeiten, gemeinsam mit uns deinen individuellen Karriereweg zu gehen. Wenn du Teamarbeit liebst, kommunikativ und leistungsbereit bist und mit analytischer Denkschärfe und kreativen Ideen der Wirtschaft neue Impulse geben möchtest, dann möchten wir gerne auf dich setzen. Heute und in Zukunft. Das macht dich aus? Willkommen im Team!

Starte deine Karriere in einem (internationalen) Team mit spannenden Aufgaben und jeder Menge Rückenwind – vom Praktikum bis zum Direkteinstieg. In jedem Fall sammelst du wichtige Erfahrungen für eine herausragende persönliche Entwicklung.

Für Hochschulabsolvent:innen bieten sich in allen Unternehmensbereichen hervorragende Karriereperspektiven. Unsere Mitarbeitenden können mit ihren Aufgaben wachsen, täglich dazulernen und sich stetig weiterentwickeln. Prüfung und Beratung ist eine Wachstumsbranche. Als Einsteiger:in profitierst du davon mit attraktiven Einstiegsgehältern und hervorragenden Ausbildungs- und Aufstiegsmöglichkeiten. Vom ersten Arbeitstag an übernimmst du Verantwortung durch ein gezieltes Training on the Job. Erfahrene Kolleginnen und Kollegen fördern deine Eigeninitiative und ermutigen dich auf dem Weg nach oben und bei der Entwicklung zu einer Führungskraft mit eigenem Charakter. Schritt für Schritt gehst du dabei immer umfangreichere und verantwortungsvollere Projekte an. Die Karriere beginnt bei uns als Assistant oder Consultant (m/w/d) im Direkteinstieg; darüber hinaus gibt es auch die Möglichkeit, als Trainee zu starten. Als Assistant/Consultant arbeitest du in wechselnden Projektteams, bearbeitest bereits eigenverantwortlich Aufträge und stellst dein fachliches Know-how sowie deine Kommunikationsfähigkeit unter Beweis. Je nach persönlichem Leistungsstand werden die Aufgaben und das Kund:innen- und Projektspektrum immer komplexer. Gemeinsam mit dir wird ein individueller Karriereplan festgelegt und durch unsere Mitarbeitendenentwicklung, die eine kontinuierliche persönliche und fachliche Weiterbildung vorsieht, unterstützt.

Gewünschte fachliche Qualifikation:
Was sind deine Stärken? Was willst du lernen? Wie weit möchtest du kommen? Das interessiert uns. Sei ganz du selbst und lass uns herausfinden, wie wir gemeinsam Großes bewegen können. Uns ist bei deiner Bewerbung besonders wichtig, neben deiner fachlichen Qualifikation auch deine Persönlichkeit kennenzulernen. Was uns dabei überzeugt: Authentizität!

Wir suchen Bewerber:innen mit guten bis sehr guten Examensergebnissen und relevanten studienbegleitenden Praktika. Deine Soft Skills untermauerst du im Bewerbungsgespräch am besten, indem du uns von Situationen und

Tätigkeiten berichtest, in denen du diese Fähigkeiten ausbauen oder unter Beweis stellen konntest. Schildere uns, warum gerade diese Soft Skills besonders hilfreich waren und wie dich diese weiterbrachten. Möglicherweise bist du in deiner Freizeit oder an der Universität ehrenamtlich tätig, warst schon einmal durch ein Auslandspraktikum auf dich allein gestellt oder engagierst dich in anderen sozialen Projekten. Erzähle uns davon und überzeuge uns von deinen Fähigkeiten, die du dadurch erworben hast.

Bezüglich der Fachrichtungen decken wir ein breites Spektrum ab. Absolvent:innen der Fachrichtungen BWL, VWL, Jura, Wirtschaftsinformatik, Informatik sind bei uns willkommen, aber auch Wirtschaftsingenieur:innen, Wirtschaftsmathematiker:innen und Mathematiker:innen, Physiker:innen und Co. Aufgrund unseres internationalen Netzwerkes sind gute Englischkenntnisse ebenso Voraussetzung wie gute IT-Kenntnisse.

Gewünschte persönliche Qualifikation:
Daneben setzen wir vor allem auf soziale Kompetenz, Teamfähigkeit und Flexibilität. Du solltest außerdem mit Belastbarkeit, Zielstrebigkeit und Eigeninitiative punkten.

Auswahlverfahren:
Den ersten Schritt in eine vielversprechende Karriere machst du, indem du auf unsere Karriereseite klickst. Dort findest du die verschiedenen Einsatzbereiche und Möglichkeiten, die wir dir für eine Karriere mit viel Freiraum anbieten.

Über die Jobsuche kannst du dich dann online auf eine ausgeschriebene Position bewerben, die dir zusagt. Wenn deine Bewerbung eingegangen ist, erhältst du eine Bestätigung und kannst dich jederzeit telefonisch über den aktuellen Stand bei unserem Recruitment-Center erkundigen. Nach Prüfung deiner Bewerbung wirst du bei grundsätzlicher Eignung zu einem Kennenlerngespräch eingeladen. Das gibt uns die Möglichkeit, mehr über deine Stärken herauszufinden. Sollte das Gespräch beidseitig positiv verlaufen und wir einander überzeugt haben, erhältst du auch schon unser Vertragsangebot.

In der Regel nehmen Recruiting-Expert:innen und Kolleg:innen aus dem Fachbereich an den Gesprächen teil. Dabei ist uns besonders wichtig, neben deiner fachlichen Qualifikation auch deine Persönlichkeit kennenzulernen. Ebenso hast du natürlich die Chance, deine individuellen Fragen zu stellen.

Unser Tipp für dich: Überlass deine Karriere nicht dem Zufall. It's yours to build!

Einstiegsgehalt/besondere soziale Leistungen:
EY bietet Direkteinsteiger:innen ein branchenübliches Gehalt, einen leistungsorientierten variablen Bonus sowie 30 Urlaubstage im Jahr. Darüber hinaus erwarten dich bei EY viele weitere Vorteile, denn es soll dir in jeder Hinsicht gutgehen. Entdecke unser attraktives Angebot für Mitarbeitende unter www.de.ey.com/karriere/benefits.

Einstiegsmöglichkeiten:
- Praktika & Werkstudierendentätigkeiten
  Du möchtest in deinem Praktikum oder im Rahmen einer Werkstudierendentätigkeit herausfinden, ob ein Job in der Wirtschaftsprüfung oder Steuerberatung das Richtige für dich ist? Dann komm zu uns! Arbeite von Tag eins in Projekten, begleite uns bei der Zusammenarbeit mit unseren Kund:innen und Mandant:innen und überzeuge dich persönlich von der Kultur, der Technologie und den Werten, die uns bei EY voranbringen.
- Direkteinstieg als Assistant oder Consultant in allen Fachbereichen
  Du weißt genau, wo du bei uns starten möchtest, und stehst kurz vor Ende des Studiums oder hast deinen Bachelor-/Master-Abschluss bereits in der Tasche? Dann bist du bei uns genau richtig! Dein direkter Einstieg ins Berufsleben in der Wirtschaftsprüfung oder Steuerberatung ist ganzjährig möglich.
- TraineePLUS – die Traineeprogramme von EY
  Sammle wertvolle internationale Erfahrungen bei deinem Auslandsaufenthalt und baue dir im Tagesgeschäft, bei Trainee-Events und beim Job Shadowing ein Netzwerk auf, von dem du ein Leben lang profitierst.
  Unsere Traineeprogramme beginnen alle am 1. September oder 1. Oktober und haben eine Laufzeit von 18–19 Monaten. Du hast die Möglichkeit viele Facetten der Wirtschaftsprüfung und Steuerberatung kennenzulernen und über den Tellerrand hinauszublicken.

Deine Vorteile:
- Du erhältst ein attraktives Grundgehalt.
- Du erhältst einen unbefristeten Arbeitsvertrag.
- Anders als beim Direkteinstieg hast du die Möglichkeit, weitere Bereiche während des Programms kennenzulernen.
- Die Zeit in der Wirtschaftsprüfung wird dir auf die Berufsexamina angerechnet.
- Im Verlauf des Programms sammelst du viele wertvolle Erfahrungen – auch auf internationalem Parkett.

AuditPLUS

In 19 Monaten warten viele herausfordernde Aufgaben und neue Eindrücke auf die Trainees bei EY. Vom ersten Tag an lernen sie unser Geschäft hautnah kennen und werden vollständig in das Prüfungsgeschehen integriert. Wie alle neuen Mitarbeitenden erhalten unsere Trainees vielfältiges Training sowie Förderung on und off the Job. Der Schwerpunkt liegt auf der praktischen Ausbildung in der Wirtschaftsprüfung mit der Möglichkeit, während zwei Orientierungsphasen andere Unternehmens- und Beratungsbereiche im In- und Ausland kennenzulernen. Das 19-monatige Traineeprogramm wird jeweils zum 1. September und 1. Oktober an fast allen Standorten in Deutschland angeboten.

Auch in unserem Branchenbereich EMEIA Financial Services – dem Prüfungsbereich für Banken, Versicherungen und Finanzdienstleistungsunternehmen – hast du die Möglichkeit, das Programm zu absolvieren.

TaxPLUS

Lege die perfekte Grundlage für eine Karriere in der Steuerberatung. Mit unserem TaxPLUS-Programm lernst du die vielen Facetten dieses Bereiches kennen. Als Trainee bereitest du dich nicht nur optimal auf zukünftige Aufgaben vor, unser Programm dient dir auch als ideale Vorbereitung für dein Steuerberatungsexamen. Zunächst übernimmst du für je fünf Monate abwechslungsreiche Aufgaben in den Teams Global Compliance & Reporting sowie Indirect Tax. Danach kannst du dich entscheiden: Lerne für drei Monate das Tagesgeschäft an einem Standort im Ausland kennen oder unterstütze Projekte im Inland. Zum Ende des Programms bis du sechs Monate lang in einem weiteren Steuerberatungsfeld. Hierbei hast du die Möglichkeit zwischen den Bereichen Business Tax Services und International Tax and Transaction Services zu wählen.

TaxPLUS startet jährlich am 1. September in fast allen Offices. Natürlich kannst du auch den Schwerpunkt Financial Services für dein Programm wählen.

„EY Tax Excellence Program" – das High-Potential-Programm in der Steuerberatung

Du möchtest dich in der Steuerberatung spezialisieren? Mit dem „EY Tax Excellence Program" bietet EY dir als Top-Nachwuchskraft in der Steuerberatung eine exklusive Poleposition für die beschleunigte Karriereentwicklung.

„EY Tax Excellence Program" ist ein maßgeschneidertes Programm für hochmotivierte Talente mit Führungsambitionen und heiß konkret: Du arbeitest

Seite an Seite mit unseren erfolgreichsten Partner:innen und meisterst gemeinsam mit ihnen anspruchsvolle Herausforderungen im In- und Ausland. Durch die Beratung führender Unternehmen, die schnelle Übernahme von Verantwortung sowie die Einbindung in strategische Entscheidungen wirst du rasch große Fortschritte machen. Das Programm zielt darauf ab, die künftigen Führungskräfte unserer Steuerberatung hervorzubringen und dir eine Top-Karriere in der Steuerberatung zu ermöglichen. Falls du das anspruchsvolle Auswahlverfahren unseres „EY Tax Excellence Programs" erfolgreich absolvierst, kannst du auf der Überholspur durchstarten.

Das Besondere an EY
Die 312.250 Mitarbeitenden der globalen Organisation von EY eint ein gemeinsamer Anspruch: Building a better working world. Er drückt das aus, wofür wir uns tagtäglich einsetzen: mit unserer Erfahrung, unserem Wissen und unseren Leistungen das Vertrauen in die Wirtschaft und die Finanzmärkte zu stärken, Geschäftsprozesse zu optimieren und für Wachstum zu sorgen. Um diesem Anspruch gerecht zu werden, tauchst du bei EY vom ersten Tag an in spannende Aufgaben ein und übernimmst Verantwortung. Dabei unterstützt dich dein:e persönliche:r Counselor:in, dein Team, sowie unser breit aufgestelltes Personalentwicklungsprogramm. Nutze unsere erstklassigen Ausbildungs- und Weiterbildungsprogramme sowie ein exzellentes Training on the Job und du wirst schnell große Fortschritte machen. Darüber hinaus ermöglichen wir unseren Mitarbeitenden mit dem globalen freiwilligen Programm EY Badges, sich zukunftsrelevante Kompetenzen anzueignen. Durch eine Vielzahl unterschiedlicher Lernformate und digitaler Angebote ist das Programm sehr flexibel. Das Besondere an EY: Die außergewöhnlich wertvollen Erfahrungen, die du bei EY sammelst, werden eine Bereicherung für deine gesamte berufliche Entwicklung und dein Privatleben sein. Unser Versprechen an dich lautet: Egal wann du zu EY kommst und egal wie lange du bei uns bleibst – The exceptional EY Experience lasts a lifetime.

FIDES
Wirtschaftsprüfer, Steuerberater, IT-Berater, Unternehmerberater

Birkenstraße 37, 28195 Bremen
Tel.: +49 421 3013-0, Fax: +49 421 3013-100
E-Mail: info@fides-online.de, Internet: www.fides-online.de

Standorte: Bremen (Hauptsitz), Hamburg, Hannover, Bremerhaven, Osnabrück, Berlin

Anzahl der Mitarbeiter: über 300 Partner und Mitarbeiter
davon Berufsträger: rd. 100

Kontaktpersonen für Bewerbung:
WP StB Carsten Wagener, E-Mail: bewerbung@fides-online.de,
Tel.: +49 421 3013-0
StB Prof. Dr. Christoph Löffler, LL. M., E-Mail: bewerbung@fides-online.de,
Tel.: +49 421 3013-0

Voraussichtlicher Personalbedarf 2023:
laufender Bedarf an qualifizierten Absolventen und Praktikanten an ausgewählten Standorten

Auswahlverfahren:
- aussagekräftige Bewerbungsunterlagen
- Einzelgespräche

Gewünschte fachliche Qualifikation:
- wirtschaftswissenschaftliches oder juristisches Studium mit einschlägigen Schwerpunkten
- idealerweise erste Praxiserfahrungen, z. B. durch eine Berufsausbildung oder Praktika
- gute Englischkenntnisse

Gewünschte persönliche Qualifikation:
- hohe Motivation und Teamfähigkeit
- Eigeninitiative und ausgeprägte analytische Fähigkeiten

Einstiegsgehalt/besondere soziale Leistungen:
- berufsüblich je nach Qualifikation und Berufserfahrung
- Firmenfitness und betriebliches Gesundheitsmanagement
- Förderung der Berufsexamina und Freistellung vor den Berufsexamina
- umfangreiches Aus- und Fortbildungsangebot
- persönlicher Mentor

Zusätzliche Informationen über das Unternehmen:
- ☒ Internetseite: www.fides-online.de
- ☒ Bewerberbroschüre
- ☒ Unternehmensbroschüre

Firmenporträt FIDES Treuhand GmbH & Co. KG

Wir sind seit 1919 an Ihrer Seite und sind bezogen auf die Mitarbeiteranzahl, die führende Prüfungs- und Beratungsgesellschaft in Nordwestdeutschland.

Als starker Partner des Mittelstands haben wir das Angebot unserer Beratungsleistungen konsequent ausgebaut. Neben unserem Hauptsitz in Bremen haben wir Standorte in Bremen (Hauptniederlassung), Bremerhaven, Osnabrück, Hannover, Hamburg und Berlin.

Unsere Mandanten kommen vorrangig aus dem Mittelstand. Zudem beraten wir Unternehmensgruppen, börsennotierte Aktiengesellschaften, öffentliche und gemeinnützige Organisationen und Einrichtungen sowie Privatpersonen. Wir sind Wirtschaftsprüfer, Steuerberater, IT-Berater und Unternehmerberater. Unsere Mandanten profitieren von unserer gesamten Fachexpertise und können sicher sein, bei branchen- wie bereichsübergreifenden Fragen die richtigen Antworten zu bekommen. Unser interdisziplinärer Ansatz hilft, auch komplexe Anliegen ganzheitlich zu betrachten. Derzeit sind mehr als 300 Partner und Mitarbeiter, darunter 100 Wirtschaftsprüfer, Steuerberater und Rechtsanwälte, für FIDES tätig.

Wirtschaftsprüfer

Unsere Prüfer nehmen jeweils die spezifische Unternehmenssituation präzise in den Blick und erfassen schnell die hier liegenden Stärken und Schwächen, Chancen und Risiken. Aus diesen Teilansichten werden ein Gesamtbild der Geschäftstätigkeit zusammengestellt und Prüfungshandlungen zielgerichtet festgelegt. Das Resultat bietet mehr als Prüfungsbericht und Siegel. Wir liefern zuverlässige und verwendbare Ergebnisse, vor deren Hintergrund sich Verbesserungsansätze und realistische Handlungsoptionen gestalten und umsetzen lassen.

Neben unserer Haupttätigkeit, der Prüfung von Jahresabschlüssen nach HGB- oder IFRS-Vorschriften, sind wir auch in den Bereichen der IT-Prüfung, der Prüfung von Schlussrechnungen von Insolvenzverwaltern, Prüfungen im

Rahmen der Verpackungsverordnung und – als bisher einzige mittelständische Gesellschaft – der Prüfung von CO_2-Bilanzen und Nachhaltigkeitsberichten tätig. Zu unseren Aufgabenfeldern in der Wirtschaftsprüfung gehören auch Unternehmensbewertungen und interne Revision.

International ist FIDES Mitglied in Praxity, AISBL, der weltweit größten Allianz selbstständiger und unabhängiger Wirtschaftsprüfungs- und Beratungsgesellschaften. FIDES ist bei dem Public Company Accounting Oversight Board (PCAOB) in den USA registriert und ist damit berechtigt, der amerikanischen Abschlussprüferaufsicht unterliegende Prüfungen durchzuführen.

Steuerberater

Wir beraten unsere Mandanten nicht nur in sämtlichen Fragen der laufenden Steuerangelegenheiten und in der Steuergestaltung, sondern auch in speziellen Entscheidungssituationen wie z. B. Unternehmenstransaktionen und -umstrukturierungen oder Nachfolgeplanungen.

Häufig sind hier neben den steuerlichen und rechtlichen auch betriebswirtschaftliche Aspekte zu berücksichtigen. Dieser Herausforderung werden wir durch kollegiales Zusammenwirken unserer Steuerberater, Rechtsanwälte und Wirtschaftsprüfer gerecht.

Wir nehmen bei der grenzüberschreitenden Geschäftstätigkeit unserer Mandanten in Steuerangelegenheiten die Mitglieder der weltweiten Allianz Praxity in Anspruch.

Sonstige Geschäftsfelder

FIDES ist mit über 20 Mitarbeitern als IT-Berater sowie als Unternehmerberater aktiv. Die Anwälte der Rechtsanwaltsgesellschaft Nölle & Stoevesandt haben sich seit Jahren auf das Private und Öffentliche Wirtschaftsrecht spezialisiert. Sie ergänzen unsere Arbeit mit ihrem Fach-Know-how und ihrem juristischen Feingespür. Mit diesen Geschäftsfeldern stützen wir unseren interdisziplinären Beratungsansatz und können unseren Mandaten bereichs- und branchenübergreifende Lösungen aus einer Hand anbieten.

Organisation

Die Ausrichtung an den Bedürfnissen unserer zumeist mittelständischen Mandanten erfordert eine enge Zusammenarbeit zwischen den einzelnen Beratern und allen Mitarbeitern. Aus diesem Grund haben wir bei FIDES flache Hierarchien. Berufseinsteiger bekommen so leichten Zugang zu allen Informationen und nehmen Teil an der umfassenden Beratung des Mandanten. Das ist für den weiteren Werdegang und die Vorbereitung auf die Berufsexamina förderlich.

Von unseren Mitarbeitern erwarten wir neben fachlicher Expertise auch analytische Fähigkeiten sowie Teamfähigkeit. Für einen erfolgreichen Einstieg bei FIDES und die Berufsexamina sind eine hohe Bereitschaft zur Fortbildung und Flexibilität, Belastbarkeit sowie Zielstrebigkeit erwünscht.

Karriere und Einsatzbereiche

Sie beginnen Ihre Karriere bei uns als Steuerberatungsassistent oder Prüfungsassistent. Während Ihrer Tätigkeit arbeiten Sie in kleinen und wechselnden Teams. Sie nehmen an diversen internen und externen Fortbildungsmaßnahmen teil, die Sie für Ihre individuelle Einsatztätigkeit qualifizieren. Als Steuerberatungsassistent streben Sie darüber hinaus das Steuerberaterexamen an. Im Anschluss besteht die Möglichkeit, die steuerberatende oder die wirtschaftsprüfende Tätigkeit zu vertiefen. Aber auch ein Einstieg bei den IT-Beratern oder den Unternehmerberatern ist aufgrund der generalistischen Ausbildung bei uns möglich. Wenn Sie sich für eine Laufbahn als Wirtschaftsprüfer entscheiden, unterstützen wir Sie nach ausreichender Prüfungserfahrung bei der Vorbereitung auf das Wirtschaftsprüferexamen. Sie werden jederzeit von erfahrenen Steuerberatern und Wirtschaftsprüfern in Ihrer Entwicklung unterstützt.

Thomas Gawron

Die digitale Führungskraft
Erfolgreiche Mitarbeiterführung in der digitalen Transformation mit dem MAESTRO-Führungsansatz

Die Untersuchung greift das zentrale Problem von Führungskräften auf: die Erfolgsrezepte bisheriger Mitarbeiterführung werden in der digitalen Transformation zunehmend wirkungslos. Zudem ist das bisherige Führungsverhalten an die neuen Anforderungen der digitalen Transformation anzupassen. Bisherige Führungserfahrungen und viele bereits bisher genutzte Führungswerkzeuge müssen in ein ganzheitliches, neues Führungsverständnis überführt werden: das Führungsverständnis der ›Digitalen Führungskraft‹.

Das vom Autor entwickelte MAESTRO-Führungsmodell zerlegt dazu traditionelle und zukünftige Führung in ihre (gemeinsamen) Erfolgsbestandteile und holt auf diese Weise den Leser dort ab, wo er aktuell steht. Auf dieser Grundlage entwickelt der Autor Schritt für Schritt, sehr konkret und umsetzungsorientiert, wie man als Führungskraft das Führungsverhalten in der digitalen Transformation verändern kann, um sich zur erfolgreichen, digitalen Führungskraft weiterzuentwickeln.

zahlr., teilw. farb. Abb., 345 Seiten, 2022
ISBN 978-3-89673-768-7, geb., € 69,90
Titel auch als E-Book erhältlich.

EWP Edition Wissenschaft & Praxis

Grant Thornton AG Wirtschaftsprüfungsgesellschaft

Johannstraße 39, 40476 Düsseldorf
Tel.: +49 211 9524-0, Fax: +49 211 9524-200
Internet: grantthornton.de

Standorte: Berlin, Dresden, Düsseldorf, Frankfurt, Hamburg, Leipzig, München, Rostock, Stuttgart, Viersen/Niederrhein, Wiesbaden

Anzahl der Mitarbeiter: über 1.500
davon Berufsträger: rund 375 (Wirtschaftsprüfer, Steuerberater, Rechtsanwälte)

Kontakt für Bewerbungen:
Marion Banken
Personalmarketing & Recruiting
Tel.: +49 211 9524 8396
grantthornton.de/karriere

Voraussichtlicher Bedarf 2022/23:
Wir suchen Studierende (für den Einstieg als Werkstudierende, Praktikantinnen und Praktikanten, oder auch im Rahmen Dualer Studiengänge) ebenso wie Mitarbeiterinnen und Mitarbeiter für den Berufseinstieg oder mit qualifizierter Berufserfahrung in den Bereichen Audit & Assurance, Tax, Advisory, Business Process Solutions, Legal und Private Finance und weiteren Beratungsfeldern.

Auswahlverfahren:
Aussagefähige Bewerbungsunterlagen & Einzelgespräch

Gewünschte fachliche Qualifikation:
- wirtschafts- oder rechtswissenschaftliches Hochschulstudium, vorzugsweise in den Fachrichtungen Rechnungslegung, internationale Rechnungsle-

gung, Prüfungswesen, Steuern, Steuerrecht, Finanzen, Controlling oder Consulting
- Studium der Wirtschaftsinformatik/-mathematik
- informationstechnisches oder naturwissenschaftliches Studium mit Schwerpunkt IT-Forensik oder IT-Security

Gewünschte persönliche Qualifikation:
- strukturierte, eigenständige, verantwortungsvolle und lösungsorientierte Arbeitsweise sowie Freude an der Arbeit im Team
- Dienstleistungs- und Mandantenorientierung
- ausgeprägtes analytisches Denken und Handeln
- freundliche und aufgeschlossene Persönlichkeit mit verbindlichem Auftreten
- Flexibilität und Engagement
- Bereitschaft zur laufenden Fortbildung

Einstiegsgehalt/besondere soziale Leistungen:
- marktgerechtes Gehalt je nach Qualifikation
- Unterstützung bei der Vorbereitung von Berufsexamina und Zertifizierungen durch zeitliche und finanzielle Förderung
- interne und externe Fortbildungsmaßnahmen

Zusätzliche Informationen über das Unternehmen:
- ☒ Internetseite (Adresse): www.grantthornton.de
- ☒ Karrierebroschüre zum Download unter www.grantthornton.de/karriere

Firmenporträt Grant Thornton AG

Wer wir sind: unser Unternehmen

Mit rund 1.500 Mitarbeiterinnen und Mitarbeitern ist die Grant Thornton AG eine der Top 10 Wirtschaftsprüfungsgesellschaften Deutschlands. Das Unternehmen wurde 1958 gegründet und ist bundesweit an elf Standorten vertreten. Unser Hauptsitz ist in Düsseldorf, weitere Niederlassungen und Tochtergesellschaften befinden sich in Berlin, Dresden, Frankfurt, Hamburg, Leipzig, München, Rostock, Stuttgart, Viersen und Wiesbaden. Unser Dienstleistungsangebot umfasst Audit & Assurance, Tax, Advisory, Business Process Solutions, Legal, Private Finance sowie weitere Beratungsfelder. Wir betreuen einen repräsentativen Querschnitt der deutschen Wirtschaft mit Organisationen und Institutionen aus nahezu allen Bereichen: börsennotierte Unternehmen ebenso wie den dynamischen Mittelstand und vermögende Privatkunden. Auch Unternehmen der öffentlichen Hand, Verbände, kommunale Träger und andere Organisationen vertrauen unserem Wissen und unserer Erfahrung.

Unser globales Netzwerk Grant Thornton ist als ressourcenstarke Organisation unabhängiger Wirtschaftsprüfungs- und Steuerberatungsunternehmen in über 130 Ländern vertreten. Rund 62.000 Mitarbeiter arbeiten nach einheitlichen hochwertigen Standards zusammen. Dadurch können wir Mandanten auch bei grenzüberschreitenden Projekten optimal betreuen und finden für nahezu jede Fragestellung den richtigen Experten vor Ort.

Wir sind ein dynamisches und zukunftsorientiertes Unternehmen, das Ihnen sehr gute Karrierechancen in einem spannenden, internationalen Umfeld bietet.

Wie wir arbeiten: persönlich, verlässlich, innovativ

National wie international konzentrieren wir uns auf unsere Stärken: persönliche Betreuung, beste Beratung und hohe Professionalität. Unsere langjährigen Verbindungen zu unseren Mandanten sind geprägt von gegenseitigem Vertrauen und Verständnis. Wir kennen die Bedürfnisse unserer Mandanten, stehen mit ihnen im ständigen Dialog und wirken für sie gestaltend. Durch unsere starke Marktexpertise und unsere Erfahrungen können wir auch kurzfristig und projektbezogen für unsere Mandanten tätig werden.

Was Grant Thornton auszeichnet, ist die Kombination aus fachlicher Expertise, profundem Branchen Know-how und einem Gespür für Wachstumspotenziale. Wir kennen die Trends von morgen und zeigen Wege zu nachhaltigem Wachstum auf. Das macht uns zum idealen Lotsen durch alle Phasen unternehmerischer Aktivitäten.

Ein umfassendes Trainingsprogramm informiert unsere Mitarbeiterinnen und Mitarbeiter stets über aktuelle Entwicklungen und hält sie auf dem Stand höchster professioneller Expertise. So können wir nicht nur auf die Wünsche und Anfragen unserer Mandanten reagieren, sondern diese auch aktiv auf interessante Veränderungen hinweisen.

Wir sind in allen wesentlichen Branchen, Industrie- und Wachstumsmärkten aktiv und bieten unseren Mandanten interdisziplinäre Lösungen. Gerade der dynamische Mittelstand weitet seine internationalen Aktivitäten im Rahmen der Globalisierung mehr und mehr aus. Auch Digitalisierung ist einer unserer Schwerpunkte. Wer auf diesem Weg einen Partner zur Seite hat, der jederzeit und in nahezu jedem Markt der Welt auf kompetente Teamkolleginnen und -kollegen vor Ort zurückgreifen kann, hat seinen Wettbewerbern gegenüber einen entscheidenden Vorsprung.

Durch unsere Größe, Internationalität und unser interdisziplinäres Arbeiten werden spannende und anspruchsvolle Mandate an uns herangetragen. Wir freuen uns, wenn auch Sie dazu beitragen, unsere Beratung stetig weiterzuentwickeln und zu stärken.

Was wir tun: unsere Geschäftsbereiche und Services

Audit & Assurance

Durch unsere unabhängigen und fachkundigen Prüfungen steigern wir die Verlässlichkeit von Unternehmensinformationen für alle Entscheidungsträger und Abschlussadressaten – und schaffen damit ein hohes Maß an Glaubwürdigkeit und Vertrauen. Dies gilt für die gesetzlich vorgeschriebenen Jahres-

und Konzernabschlussprüfungen genauso wie für spezielle Prüfungsleistungen und -bescheinigungen. Unser Spektrum umfasst Jahres- und Konzernabschlussprüfungen, rechnungslegungsbezogene Beratung (HGB und IFRS) sowie andere Prüfungs- und Beratungsservices.

Tax

Bei jeder unternehmerischen Entscheidung spielen steuerliche Fragen eine wichtige Rolle. Komplizierte gesetzliche Vorschriften, Steuerabkommen, Gerichtsentscheidungen und Verwaltungsanweisungen machen jedes unternehmerische Engagement zu einer echten Herausforderung. Mit acht Service Lines im Bereich Tax sind wir breit aufgestellt, um Unternehmen und vermögenden Privatpersonen eine ausgezeichnete und an ihren Bedürfnissen ausgerichtete Beratung bieten zu können. Egal, ob es um die richtige Gestaltungsempfehlung, steuerliche Compliance, oder die Durchsetzung ihrer Interessen und Positionen in der Betriebsprüfung und in finanzgerichtlichen Auseinandersetzungen geht.

Auch die internationalen Aktivitäten unserer Mandanten begleiten wir mit einem umfangreichen steuerlichen Leistungsspektrum und internationaler Kompetenz im weltweiten Netzwerk Grant Thornton. Ob Standortwahl, Konzernstrukturierung, Unternehmensfinanzierung oder Verrechnungspreisgestaltung – wir finden für jede Fragestellung eine optimale und individuelle Lösung.

Legal

Jede unternehmerische Entscheidung wirft eine Fülle von juristischen Fragestellungen auf. Die Grant Thornton Rechtsanwaltsgesellschaft bietet als Full Service Dienstleister umfassende Beratung und persönliche Betreuung in allen Bereichen des Wirtschaftsrechts. Wir erbringen vielfältige Beratungsleistungen, u. a. auf den Gebieten Erbrecht und Unternehmensnachfolge, Gesellschaftsrecht, Wirtschafts-, Zivil- und Vertragsrecht, M&A Transaktionsberatung, Immobilienwirtschaftsrecht, Arbeits- und IT-Recht.

Wir suchen die fachliche Herausforderung und gehen dabei auch ungewöhnliche Wege. Unsere Teams zeichnen sich durch kurze Reaktionszeiten und eine hohe Präsenz von Entscheidern aus. Dadurch können wir innovative und besonders hochwertige Lösungen entwickeln.

Advisory

Märkte und Wettbewerbsbedingungen verändern sich rasant. Alte Geschäftsmodelle werden in Frage gestellt, neue Geschäftschancen eröffnen sich. Unternehmen beginnen neue Aktivitäten und trennen sich von alten, kooperieren oder fusionieren. Manche Unternehmen müssen unter Druck umstrukturieren und sanieren. Dynamische Unternehmen verändern sich zunehmend über Grenzen hinweg und benötigen eine zuverlässige Begleitung internationaler Projekte. Ob M&A, Bewertung, Finanzierung oder Restrukturierung: Wir begleiten Unternehmen als Berater, Gutachter oder Prüfer in diesen anspruchsvollen Phasen.

Private Finance

Im Bereich Private Finance bieten wir interdisziplinäre, bankenunabhängige Beratungs- und Dienstleistungen für vermögende Privatkunden und Family Offices an. Zentrale Bestandteile sind die steuerliche Beratung, das Vermögenscontrolling sowie die fachkundige Beratung hinsichtlich der optimalen Vermögensstrategie.

Business Process Solutions

Im Geschäftsbereich Business Process Solutions bündeln wir Leistungen wie Finanzbuchhaltung, das interne und externe Berichtswesen oder die Erstellung von Steuerdeklarationen. Wir übernehmen diese Aufgaben für unsere Mandanten, um deren betrieblichen Abläufe effizient und schlank zu halten. Auch unterstützen wir mit unseren Dienstleistungen bei Wachstum oder notwendigen Veräußerungen, beraten Investoren bei Outsourcing-Aktivitäten, helfen beim Herauslösen von Gesellschaften aus Konzernstrukturen und strukturieren Prozesse im Rechnungswesen neu. Dabei übernehmen wir die Abwicklung der Finanzbuchhaltung inklusive Kostenrechnung, Lohn- und Gehaltsabrechnung. Zudem unterstützen wir im Factoring und im Mahnwesen, erstellen Jahresabschlüsse und übernehmen die laufende steuerliche Beratung unserer Mandanten.

Weitere Beratungsleistungen

Der Schutz des Unternehmens vor unternehmerischen Risiken, vor der Verletzung von Rechtsvorschriften und vor Schädigungen durch Externe sowie durch eigene Mitarbeitende hat an Bedeutung zugenommen.

Unsere maßgeschneiderten Lösungen umfassen u.a. Risk & Compliance Management, Forensic & Investigations, Cyber- & IT-Security sowie Digital Advisory.

Im Beratungsfeld Business Consulting bündeln wir langjährige Erfahrung in der Unternehmensberatung sowie der operativen Begleitung von Unternehmenstransaktionen. Hierbei setzen wir auf die Kombination von profunden Branchenkenntnissen mit langjähriger Erfahrung aus zahlreichen Sektoren und Projekten, etwa in den Bereichen Performance Management, Working Capital, Operational/Commercial Due Diligence oder operativer Beratung.

Warum Grant Thornton?
Individuell stark. Gemeinsam excellent.

Unsere Motivation als Arbeitgeber: Wertschätzung und Verantwortung, Beratungs- und Prüfungsleistungen auf höchstem Niveau – dafür stehen wir und gehören deshalb zu den Top 10 der Wirtschaftsprüfungsgesellschaften in Deutschland.

Unsere Mitarbeiterinnen und Mitarbeiter sind uns wichtig. Deshalb engagieren wir uns für unsere Teams. Wir unterstützen Sie – egal, ob Sie gerade am Anfang Ihrer Karriere stehen oder mit Berufserfahrung Ihre nächsten Schritte gehen wollen. Wir sind für Sie da und helfen Ihnen dabei, Ihre Potenziale zu entfalten.

Nächster Schritt? Karriere!

Bei uns gibt es vielfältige Möglichkeiten, sich zu spezialisieren, aber gleichzeitig auch einen breiten Überblick zu bekommen. Sie können am Vorhandenen partizipieren, aber auch selbst gestalten und für sich ausloten, wohin Ihre weitere Reise gehen soll. Wir bieten interdisziplinäre und internationale Aufgaben sowie echtes Teamwork mit Kolleginnen und Kollegen aus verschiedensten Geschäftsbereichen, Standorten und Ländern. Wer die Abwechslung mag, wird Grant Thornton lieben! Wir vereinen die persönliche Nähe, Offenheit und Eigenverantwortung einer mittelständischen Gesellschaft mit dem breiten fachlichen Spektrum und der spannenden internationalen Perspektive einer global agierenden Organisation.

Team-Geist ist Teil unserer Unternehmensphilosophie, genauso wie Qualität, Genauigkeit und Integrität. Insbesondere die intensive Zusammenarbeit erleichtert den Einstieg vor allem für Studierende und Absolventinnen und Absolventen. Als Beraterin oder Berater mit Berufserfahrung erwarten Sie bei uns ein hoher Leistungsanspruch und die eigenständige Betreuung komplexer nationaler und internationaler Mandate. Dabei stehen Ihnen jederzeit erfahrene Kolleginnen und Kollegen, Partnerinnen und Partner zur Seite.

Karriere & Entwicklung bei Grant Thornton

Berufseinstieg – Learning on the Job

Bei Ihrem Berufseinstieg haben Sie von Anfang an die Gelegenheit, Ihre theoretischen Kenntnisse in die Praxis umzusetzen. Zur optimalen Betreuung unserer Mandanten bilden wir individuelle Teams. Sie lösen interdisziplinär steuerrechtliche und betriebswirtschaftliche Fragen. Sehr früh haben Sie bei uns als Berufseinsteigerin oder Berufseinsteiger direkten Mandantenkontakt: Wir führen Sie an die Beratung heran, erklären und sind gerne Mentor. Mit wachsender Erfahrung übernehmen Sie mehr und mehr Eigenverantwortung und bauen so Ihre Expertise und Beratungskompetenz stetig aus.

Persönliche Begleitung in der Einarbeitungsphase

Sie erhalten eine intensive fachliche Einarbeitung innerhalb der ersten Berufsjahre und werden auf Ihrem Karriereweg von erfahrenen Kolleginnen und Kollegen persönlich begleitet. Um Sie bei der Integration ins Unternehmen zu unterstützen, bieten wir durch ein Mentoren-/Patenprogramm oder andere Maßnahmen vielfältige Chancen zur Vernetzung und Austausch mit Kollegen und Kolleginnen aus allen Bereichen des Unternehmens.

Training und Förderung

Als Berufseinsteiger durchlaufen Sie bei uns neben den praktischen On-the-Job-Erfahrungen ein intensives, je nach Geschäftsbereich maßgeschneidertes fachliches Trainingsprogramm, das wir mit hochkarätigen internen wie externen Referentinnen und Referenten durchführen und stets weiterentwickeln. So bauen Sie Ihr berufliches Fachwissen aus und sind immer über aktuelle Entwicklungen informiert. Parallel unterstützen wir Sie beim Ausbau Ihrer Soft Skills und Fremdsprachen.

Wir unterstützen Sie auf dem Weg zu den klassischen Berufsexamina Wirtschaftsprüfer und Steuerberater – zeitlich und finanziell. Gleiches gilt für weitere berufsbezogene Qualifikationen und Abschlüsse wie CPA, CFA, Chartered Accountant, CISA, CIA oder Financial Planner. Auch für eine externe Promotion bieten wir Ihnen beste Voraussetzungen.

Unser Trainingsportfolio bietet passgenaue Angebote für Mitarbeiterinnen und Mitarbeiter aller Geschäftsbereiche und Karrierestufen. Wir helfen Ihnen in jeder Phase Ihrer Karriere. So können Sie Ihr Wissen und Ihre Fähigkeiten immer weiter ausbauen.

Internationale Erfahrungen

Viele unserer Servicebereiche arbeiten mit international tätigen Mandanten zusammen. Der Kontakt mit internationalen Kolleginnen und Kollegen sowie die Zusammenarbeit in grenzüberschreitenden Teams sind bei uns Tagesgeschäft.

Wir bieten Secondments für unterschiedliche Geschäftsbereiche und Karrierestufen. So erwerben Sie spezielles fachliches Know-how, verbessern Ihre Fremdsprachenkenntnisse und erweitern Ihr weltweites Netzwerk.

Feedback, Entwicklung & Karriere

Wir leben eine zielorientierte Personalentwicklung. Das heißt, Sie erhalten regelmäßiges Feedback zu Ihren Leistungen und gemeinsam sprechen wir dann über Ihre fachliche und persönliche Entwicklung. So können wir mit Ihnen zusammen konkrete Ziele und Maßnahmen für die Zukunft festlegen.

Das gibt Ihnen Klarheit darüber, wie Sie gesehen werden und wie Sie selbst Ihren weiteren Karriereweg gestalten können. Basis ist ein transparentes und unternehmensweit einheitliches Kompetenzmodell. Aber auch Ihr Feedback und Ihre Verbesserungsvorschläge sind für uns wichtig. Wir freuen uns darauf.

Work-Life-Balance

Für viele nur ein Buzzword – für uns ein Muss! Starkes Engagement im Job und eine gute Work-Life-Balance lassen sich bei uns kombinieren.

Wir wissen: Ihre persönliche Zufriedenheit ist Grundvoraussetzung für Motivation. Am Ende profitieren davon alle: Sie, unsere Teams, das Unternehmen und vor allem unsere Mandanten.

Unser Work-Life-Balance-Programm bietet hochflexible Möglichkeiten zum mobilen Arbeiten, ein Arbeitszeitpaket mit Arbeitszeitsouveränität, Gleitzeit oder Vertrauensarbeitszeit, eine großzügige, einheitliche Urlaubsregelung. Individuell zugeschnittene Teilzeitmodelle und Sabbaticals sind natürlich auch möglich. Auch da sind wir sehr flexibel.

Familie und Beruf

Mit Family@grantthornton bieten wir unseren Mitarbeiterinnen und Mitarbeitern ein spezielles Serviceangebot, um Familie und Beruf möglichst gut miteinander zu verbinden. Es umfasst unter anderem die Vermittlung von qualifizierten Betreuungsangeboten für Kinder oder pflegebedürftige Angehörige sowie Zuschüsse zu Kinderbetreuungskosten.

Publikationen und Lehraufträge

Expertinnen und Experten von Grant Thornton nehmen im Rahmen wissenschaftlicher Publikationen in der Fachpresse und -literatur immer wieder Stellung zu Themen von hoher Aktualität und sind aktiv im Rahmen von Lehraufträgen an vielen führenden Hochschulen präsent.

HWS
Wirtschaftsprüfungsgesellschaft
Steuerberatungsgesellschaft
Rechtsanwaltsgesellschaft

Kupferstraße 5, 70565 Stuttgart
Tel.: +49 711 78892-0, Fax: +49 711 78892-159
E-Mail: karriere@hws.de, Internet: www.hws.de

Standorte: Bietigheim, Deggingen, Ettlingen, Illertissen, Karlsruhe, Korb, Landau, Marbach, Pforzheim, Remshalden, Sindelfingen, Stuttgart, Tübingen, Ulm

Anzahl der Mitarbeiter: über 550 Mitarbeiterinnen/Mitarbeiter
davon Berufsträger: über 100

Kontaktperson für Bewerbungen:
Frau Beatrix Dreher, Leitung Personal
E-Mail: karriere@hws.de

Voraussichtlicher Bedarf 2023:
- Steuerberatungs- und Wirtschaftsprüfungsassistenten: kontinuierlicher Bedarf an überdurchschnittlichen Absolventen
- Praktikanten: kontinuierlicher Bedarf
- Azubis und DHBW-Studenten

Auswahlverfahren für Steuerberatungs- und Wirtschaftsprüfungsassistenten:
dezidierte Analyse der Bewerbungsunterlagen, persönliche Vorstellungsgespräche

Bevorzugte fachliche Qualifikation:
- akademische Grade, insbesondere in den Fachrichtungen BWL, VWL etc.
- sowohl universitär als auch Absolventen von Fachhochschulen und der Dualen Hochschule Baden-Württemberg (DHBW)

- ausreichende praktische Erfahrung, kaufmännische Ausbildung
- diverse einschlägige Praktika (auch im Ausland)
- einschlägige Weiterbildungen
- DATEV-Kenntnisse

Gewünschte persönliche Qualifikation:
- Leistungs- und Einsatzbereitschaft
- Lernbereitschaft
- Neugier und Flexibilität
- Engagement
- Team- und Kommunikationsfähigkeit
- gute Fremdsprachenkenntnisse (insbesondere Englisch)
- analytisches sowie unternehmerisches Denken und Handeln

Einstiegsgehalt/besondere soziale Leistungen:
- Einstiegsgehalt je nach Qualifikation und Berufserfahrung
- umfangreiche Fort- und Weiterbildungsmöglichkeiten
- leistungsgerechte Vergütung
- überdurchschnittliche Sozialleistungen (Essenszuschüsse, freie Getränke, BusinessBike, betriebliches Gesundheitsmanagement wie zum Beispiel eine Laufgruppe, Yoga, Massage etc.)
- fachliche und persönliche Unterstützung bei der Berufsexamensvorbereitung sowie Möglichkeit einer überdurchschnittlichen Freistellung in der letzten Phase der Examensvorbereitung

Zusätzliche Informationen über das Unternehmen:
- ☒ Internetseite (Adresse): www.hws.de
- ☐ Bewerberbroschüre
- ☒ Unternehmensbroschüre

Firmenporträt HWS

„Die Menschen vor den Zahlen"

Woran wir den Erfolg unserer Arbeit messen? Am guten Gefühl der Menschen, mit denen wir arbeiten. Aus diesem Grund lautet unser Unternehmensmotto: „Die Menschen vor den Zahlen". Aber eine Vision, die nur auf dem Papier besteht ist keine Vision, sondern ein Trugbild. Deswegen ist es uns bei HWS nicht nur wichtig, eine eigene Haltung zu haben, sondern sie auch zu zeigen und täglich zu leben. Mit unserem HWS-Prinzip **verstehen · kümmern · begeistern** erkennen wir Bedürfnisse, finden persönlich Lösungen, nehmen Sorgen ab, bieten Sicherheit und überraschen mit zusätzlichen Chancen und Perspektiven. Das macht uns als Gruppe mit über 30 Partnern und über 550 Mitarbeitern zum Top-Ansprechpartner des Mittelstands für Steuern, Prüfung, Recht und ganzheitliche Beratung – und zum attraktiven Arbeitgeber.

Wir betreuen seit 1923 nunmehr in der vierten Generation unsere Mandanten persönlich, ganzheitlich und umfassend und haben uns dabei auf qualitativ hochwertige Dienstleistungen spezialisiert. **HWS/// STEUERN PRÜFUNG RECHT hws.de** Dabei verstehen wir den direkten Kontakt zu unseren Mandanten sowie unsere persönliche Betreuung als Kernkompetenz, was sich nicht zuletzt in unseren umfangreichen Detailkenntnissen – die wir als persönlicher Ansprechpartner für unsere Mandanten stets gewährleisten – widerspiegelt.

Mit unseren Standorten konzentrieren wir uns auf den süddeutschen Raum, betreuen aber ebenso Mandanten im gesamten Bundesgebiet mit demselben Qualitätsverständnis und auf der Basis unserer Grundsätze. Wir agieren grenzüberschreitend. Ob unsere Mandanten sich auf den nationalen Markt konzentrieren oder international operieren – als Spezialisten für Startups, den Mittelstand und für Familienunternehmen begleiten wir diese weltweit. Rund um den Globus unterstützen wir unsere Mandanten durch unsere Mitgliedschaft bei „Praxity" – einer weltweiten Vereinigung unabhängiger, selbstständiger Prüfungs- und Beratungsunternehmen.

Der Einstieg bei HWS

Wo liegen Ihre Interessen? Diese Frage in Vorstellungsgesprächen stellt viele Berufsanfänger aufgrund ihrer häufig geringen praktischen Erfahrung vor gewisse Erklärungsnotstände. HWS bietet Ihnen hier sowohl Orientierung als auch unterschiedlichste Wege für Ihre Entwicklung. Unsere Spezialisierung auf Beratungsfelder wie

- Wirtschaftsprüfung national und international
- Steuerberatung national und international
- Unternehmensberatung national und international
- Rechtsberatung
- Lohn- und Finanzbuchhaltung
- Rechnungs- und Personalwesen
- IT-Revision und -Beratung

hilft Ihnen, Ihren Weg zu finden sowie Ihre Interessen zu entdecken und auszubauen.

Dabei fördern und fordern wir Berufsanfänger von Anfang an. Erfahrene Berufsträger betreuen junge Assistenten im Rahmen unseres Mentorenprogramms. In unseren interdisziplinären Teams übernehmen Neueinsteiger umfassende Aufgaben mit eigener Verantwortlichkeit. Dabei ist es uns wichtig, dass unsere Mitarbeiter nicht nur einzelne Teilbereiche eines Mandats, sondern die Aufgaben umfassend bearbeiten, damit sie das Gesamtbild nicht aus den Augen verlieren.

Im Rahmen unseres „fuks"-Programms (**F**ortbildung, **U**nternehmen, **K**ommunikation und **S**paß) stehen unseren Mitarbeitern die unterschiedlichsten Aus-, Fort- und Weiterbildungsmöglichkeiten offen. Wir bieten im fuks insbesondere interne Seminare sowie externe Fortbildungen der Steuerberaterkammer, des IDW und der Wirtschaftsprüferkammer an. Hinter dem Konzept verbergen sich konkrete Inhalte der Führung und Mitgestaltung der Mitarbeiter.

Eine wichtige Aufgabe des fuks ist es, gut ausgebildete Fachkräfte für HWS zu begeistern und beim vorhandenen Personal ein hohes Maß an Identifikation mit der Kanzlei und eine sehr hohe Qualität und einen erstklassigen Service zu erreichen.

Dass dieses Ziel erreicht wird, zeigt sich nicht zuletzt durch zahlreiche Auszeichnungen von HWS wie der Auszeichnung als TOP-Arbeitgeber („TOP JOB") durch die Universität St. Gallen oder den wiederholten Auszeichnungen als „TOP-Steuerberater" durch das Handelsblatt, FOCUS-SPEZIAL und FOCUS-MONEY.

Des Weiteren pflegen wir den persönlichen Kontakt unserer Mitarbeiter auch außerhalb des Büros. So bestehen diverse fuks-Freizeitaktivitäten wie:

- fuks Running Team
- fuks Ausflüge wie beispielsweise Radtouren, Museumsbesuche, Kochkurse, Betriebsbesichtigungen etc.
- Ski-Ausfahrten, Weihnachtsfeiern, Sommerfeste usw.

Der Berufsweg bei HWS

Der Einstieg bei HWS beginnt beispielsweise als Steuerberatungs- und Wirtschaftsprüfungsassistent. Unsere flachen hierarchischen Strukturen und unsere kurzen Kommunikationswege helfen unseren Berufseinsteigern dabei sich schnell aufgenommen und wohlzufühlen. Unsere Mitarbeiter haben immer ein offenes Ohr für die neuen Kolleginnen und Kollegen und stehen ihnen stets unterstützend zur Seite.

Bei uns durchlaufen Berufseinsteiger nach ihrer ersten Einarbeitung unterschiedlichste Stufen, welche eine fundierte Ausbildung und Wissensaneignung ermöglichen. Alle unsere Mitarbeiter werden dabei mit modernster Informations- und Kommunikationstechnologie ausgestattet. Darüber hinaus versteht es sich von selbst, dass die HWS Bibliothek mit aller erforderlichen Fachliteratur ausgestattet ist.

Berufseinsteiger sind neben der Betreuung durch ihren Mentor einem Partner zugeteilt, der ergänzend die Personalführung und -entwicklung sicherstellt. In unseren jährlichen Mitarbeitergesprächen werden die Arbeitsleistungen unserer Mitarbeiter hinsichtlich Stärken und Entwicklungspotenzialen analysiert, um durch gezielte Förderung den persönlichen und unternehmerischen Erfolg sicherzustellen.

Wir freuen uns auf Sie.
HWS

Dr. Kleeberg & Partner GmbH
Wirtschaftsprüfungsgesellschaft
Steuerberatungsgesellschaft

Augustenstraße 10, 80333 München
Tel.: +49 89 55983-0, Fax: +49 89 55983-280
E-Mail: kleeberg@crowe-kleeberg.de, Internet: www.kleeberg.de

Standort: München

Anzahl der Mitarbeiter: mehr als 200, davon mehr als 150 Professionals
davon Berufsträger: über 90 (Wirtschaftsprüfer, Steuerberater, Rechtsanwälte)

Kontaktperson für Bewerbung:
Raphaela Weingart, Human Ressources Managerin,
Tel.: +49 89 55983-268,
Fax: +49 89 55983-280, E-Mail: raphaela.weingart@crowe-kleeberg.de

Voraussichtlicher Bedarf 2023:
Prüfungs-/Steuerassistenten (m/w/d): laufend nach Bedarf
Praktikanten (m/w/d): laufend nach Bedarf
Werkstudenten (m/w/d): laufend nach Bedarf
Duale Studenten(m/w/d): laufend nach Bedarf

Auswahlverfahren:
Kurz-Bewerbung (CV genügt) online oder per E-Mail, persönliches Gespräch

Gewünschte fachliche Qualifikation:
- Abgeschlossenes Studium der Rechts- oder Wirtschaftswissenschaften oder vergleichbare Qualifikation
- Schwerpunkt im Bereich Steuern, Wirtschaftsprüfung oder Gesellschaftsrecht von Vorteil
- Berufsausbildung oder Praktika (branchenbezogen) von Vorteil
- EDV- und Fremdsprachenkenntnisse

Gewünschte persönliche Qualifikation:
- selbstständig arbeitend
- analytisch denkend
- hohe Zahlenaffinität
- kommunikativ
- leistungsbereit und flexibel
- Bereitschaft zur laufenden Fortbildung
- Teamplayer

Einstiegsgehalt/besondere soziale Leistungen:
- Unterstützung durch einen Paten / eine Patin
- Flexible Arbeitszeiten mit Gleitzeitkonto
- Mitarbeitervergünstigungen
- Einstiegsgehalt nach Vereinbarung
- Fachliche und finanzielle Unterstützung sowie Freistellungsregelung zur Vorbereitung auf die Berufsexamina
- Handyzuschuss
- Tiefgaragenstellplätze zur sporadischen Nutzung
- Fahrräder für Erledigungen im Stadtbereich
- Kaffee- und Teespezialitäten sowie Erfrischungsgetränke und Obst zur freien Verfügung

Zusätzliche Informationen über das Unternehmen:
- ☒ Internetseite (Adresse): www.kleeberg.de
- ☒ Social Media Kanäle LinkedIn, Xing und Instagram

Firmenporträt Dr. Kleeberg & Partner GmbH

Wer oder was ist „Kleeberg"?

„Kleeberg" – das ist die Dr. Kleeberg & Partner GmbH WPG StBG mit Sitz in München. Die Kanzlei wurde im Jahr 1966 von Herrn Dr. Rudolf Kleeberg gegründet. Im Verlauf von mehr als 50 Jahren haben wir uns von einer Einzelpraxis zu einem modernen, internationalen Dienstleistungsunternehmen für Wirtschaftsprüfung und Steuerberatung mit mehr als 200 Mitarbeitern in München – zentral in der Nähe des Königsplatzes – entwickelt.

Im Mittelpunkt unserer Unternehmensmaxime steht der Ansatz einer persönlichen Betreuung auf höchstem fachlichem Niveau. Aus diesem Grund legen wir Wert auf die Schaffung von Kompetenzen und die Vermittlung von Knowhow.

Kleeberg ist sich der Bedeutung qualifizierter Mitarbeiterinnen und Mitarbeiter für die erfolgreiche Betreuung der Mandanten bewusst. Daher ist es uns wichtig, uns unseren jetzigen und zukünftigen Kolleginnen und Kollegen als attraktiver Arbeitgeber zu präsentieren.

Es ist unser oberstes Ziel, unsere Mandanten nicht nur durch fachliche Kompetenz betriebswirtschaftlich und steuerlich umfassend zu betreuen, sondern wir wollen ebenso mit hoher persönlicher Einsatzbereitschaft und vollem Engagement überzeugen.

Unsere hoch qualifizierten Mitarbeiter bieten das gesamte Beratungsspektrum der Branche – professionell und aus einer Hand. Bei komplizierten internationalen Fragestellungen steht uns unser Netzwerk Crowe Global zur Verfügung. Crowe Global gehört zu den weltweit zehn größten Beratungsnetzwerken mit rund 830 Büros mit mehr als 40.000 Mitarbeitern in rund 150 Ländern. Somit genießen unsere Mandanten, auch auf internationaler Ebene, immer vor Ort die persönliche Betreuung unserer Kanzlei.

Im nationalen Bereich kooperieren wir auf fachlicher Ebene mit weiteren mittelständischen Kanzleien. Zudem unterstützen wir als aktives Mitglied die Facharbeit des IDW sowie der Schmalenbach-Gesellschaft. Kleeberg ist darüber hinaus in der Wirtschaftsprüferkammer, der Steuerberaterkammer München, im Verband der deutschen Grundbesitzer, im Steuerausschuss der IHK München sowie im Steuerausschuss des Verbandes der bayerischen Industrie aktiv vertreten. Auf Bundesebene bringen wir uns durch unsere Kontakte aktiv in Gesetzgebungsprozesse ein.

Um den hohen individuellen Ansprüchen unserer nationalen und internationalen Mandanten gerecht werden zu können, achten wir sehr darauf, unsere Beratungs- und Servicequalität permanent zu verbessern und weiterzuentwickeln. Hierbei legen wir großen Wert auf die fachliche und persönliche Weiterbildung unserer Mitarbeiter. Zudem verfügen wir über ein modernes Informationssystem und haben Zugriff auf eine aktuelle, internationale Datenbank.

Leistungsspektrum der Kanzlei

Kleeberg bietet ein hoch professionelles, modernes Beratungsspektrum in den Bereichen Wirtschaftsprüfung, Steuerberatung, betriebswirtschaftliche Beratung, internationale Betreuung und Corporate Finance. Unser Ziel ist es, kompetente Lösungen, die auf die individuellen Bedürfnisse der Mandanten ausgerichtet sind, zu erarbeiten.

Unser Kerngeschäft

Wirtschafts-prüfung	Steuerberatung (mit juristischer Beratung in Steuer- und Gesellschaftsrecht)	Betriebswirtschaftliche Beratung	Corporate Finance (mit Unternehmensbewertung, Fairness Opinions, Due Diligences etc.)

Wir bieten unseren Mandanten eine individuelle und umsichtige Beratung, die darauf ausgerichtet ist, die Chancen neuer Gesetze und Vorschriften schnell und professionell zu nutzen, Vermögen zu erhalten und gegen mögliche Risiken frühzeitig abzusichern.

Mandanten und Geschäftsfelder

Kleeberg betreut ein breites Spektrum großer und mittelständischer Unternehmen und Institutionen sowie anspruchsvolle private Mandanten – oft bereits seit Jahrzehnten. Wir bündeln unsere vielfältigen Kompetenzen in den Leistungsbereichen Tax, Audit, Advisory und Legal.

Kleeberg Tax **Kleeberg** Audit **Kleeberg** Advisory **Kleeberg** Legal

In unserem Leistungsbereich Advisory bilden die Unternehmensbewertung einschließlich der Durchführung von Due Diligences und Erstellung von Fairness Opinions, bilanzrechtliche Gutachten, Fragestellungen der Compliance und Corporate Governance, Umstrukturierungen, Unternehmensnachfolge sowie auch die Begleitung von Insolvenzverfahren wesentliche Schwerpunkte.

Kleeberg IT Audit — Seit 2017 haben wir die Crowe Kleeberg IT Audit GmbH als Tochtergesellschaft, um auf diese Weise unsere IT-Dienstleistungen weiter zu stärken. Dies geschieht nicht zuletzt vor dem Hintergrund, dass die Digitalisierung zum Teil tiefgreifende Veränderungen in den Prozessabläufen sowie den Geschäftsmodellen von Unternehmen bringt und auch steuerliche Bereiche sowie Prüfungsansätze – und damit auch die Berufsfelder der Steuerberater und Wirtschaftsprüfer – erheblich beeinflusst. IT-Audits, Prüfungen im Zusammenhang mit Datenmigration, Fraud-Prüfungen und Berechtigungsprüfungen sind nur einige wenige Schlagworte, die die große Bedeutung von IT im Zusammenhang mit der Zukunft von Prüfung und Beratung verdeutlichen.

Ende 2018 wurde die Kleeberg Valuation Services GmbH Wirtschaftsprüfungsgesellschaft als weitere Tochtergesellschaft gegründet. Mit dieser Gesellschaft erbringen wir **Kleeberg** Valuation

Dienstleistungen rund um Fragen zur Unternehmensbewertung, d. h. z. B. gutachterliche Bewertungen, Fairness Opinions, erbschaftsteuerliche Bewertungen, Due Diligences etc. Unsere bisherigen Tätigkeiten im Bereich Unternehmensbewertung umfassen hierbei zahlreiche Bewertungen für steuerliche und handelsrechtliche Zwecke, aktienrechtliche Strukturmaßnahmen, gesellschaftsrechtliche Fragestellungen, Transaktionen, als Sachverständige vor Gericht und viele weitere mehr.

öffentlicher Bereich, Software, Bau, Non Profit Organisations, Land- und Forstwirtschaft, Elektronik, Medien- und Verlagswesen, Handel, Konsumgüter, industrielle Produktion, Energiewirtschaft, Family Office, Gesundheitswesen, Immobilien, Reedereien, Touristik, Private Equity, Finanzdienstleistungen

Auf die Kompetenz von Kleeberg vertrauen Mandanten aus verschiedenen Wirtschaftszweigen. Wir kennen eine Reihe von Branchen aus langjähriger Erfahrung bis ins Detail.

Neben Unternehmen betreut Kleeberg außerdem eine Vielzahl herausragender vermögender nationaler und internationaler Privatpersonen sowie eine große Anzahl an Stiftungen und Vereinen.

Anforderungen an Bewerberinnen und Bewerber

Wir suchen Bewerberinnen und Bewerber mit guten akademischen Leistungen, hoher Zahlenaffinität und analytischen Fähigkeiten. Neben den fachlichen Aspekten sind soziale Kompetenz, Engagement, Flexibilität und Kreativität ebenso wichtig wie eigenständiges Denken. Wegen der Internationalität bestimmter Mandatsbeziehungen sowie einschlägiger fachlicher Quellen sind Englischkenntnisse vorteilhaft.

Aufgrund des breiten Spektrums unserer fachlichen Möglichkeiten stellen wir unsere Mitarbeiter insbesondere aus den Fachrichtungen Betriebswirtschaftslehre und Jura ein. Hierbei legen wir Wert auf eine entsprechende einschlägige Ausrichtung des Studiums in den Bereichen Steuerrecht, Gesellschaftsrecht und/oder Wirtschaftsprüfung. Neben den vorgenannten Gruppen sind auch Volkswirte, Wirtschaftsingenieure, Wirtschaftsinformatiker sowie Absolventen weiterer Studiengänge, sofern sie die fachlichen und persönlichen Qualifikationen erfüllen, willkommen.

Entwicklungsmöglichkeiten

Kleeberg legt Wert auf eine von Anfang an breit ausgerichtete Entwicklungsperspektive. Berufsanfänger können sich in ihren ersten Jahren als Associates bei Kleeberg sowohl mit steuerlichen Fragen als auch mit den Herausforderungen der Wirtschaftsprüfung beschäftigen. Wir bieten durch unsere verschiedenen Leistungsbereiche Abwechslung und die Möglichkeit, sich individuell zu entwickeln – so, wie es am besten zu Ihnen passt.

Berufseinsteigern bieten wir regelmäßige interne und externe Schulungen zu Themen aus der Steuerberatung und aus der Wirtschaftsprüfung an.

Kleeberg unterstützt seine Mitarbeiter bei den Vorbereitungen auf die Berufsexamina fachlich, finanziell und durch Freistellungsregelungen. Wir haben keine vorgefertigten Trainee-Konzepte. Vielmehr legen wir Wert auf eine an den individuellen Stärken orientierte Entwicklung unserer Young Professionals. Hochschulabsolventen, die sich für vielfach mittelstandsorientierte Problemstellungen der steuerlichen Beratung und Gestaltung ebenso begeistern können wie für Fragen des Prüfungsalltags, sind für uns die potenziellen Berufseinsteiger.

Märkische Revision GmbH
Wirtschaftsprüfungsgesellschaft
Steuerberatungsgesellschaft

Im Teelbruch 128, 45219 Essen
Tel.: +49 2054 / 9527-0, Internet: www.maerkische-essen.de

Standort: Essen, Bochum, Münster

Anzahl der Mitarbeiter: über 160
davon Berufsträger: mehr als 50 Steuerberater, Wirtschaftsprüfer und Rechtsanwälte

Kontaktperson für Bewerbung:
Marcel Elias, Leiter der Verwaltung, Personalmanagement,
Tel.: +49 02054 / 9527-7983,
E-Mail: bewerbung@maerkische-essen.de

Voraussichtlicher Bedarf 2023:
- Steuerberater (m/w/d) mit und ohne Berufserfahrung　　5
- Steuerfachangestellte (m/w/d), Finanz- und/oder Lohnbuchhalter, Bilanzbuchhalter (m/w/d)　　5
- Steuer- und/oder Prüfungsassistenten (m/w/d)　　5–10
- Duale Studenten (m/w/d), Werkstudenten (m/w/d)　　5
- Auszubildende zum Steuerfachangestellten (m/w/d)　　3–5

Auswahlverfahren für Prüfungs- und Steuerassistenten:
Vollständige Bewerbungsunterlagen, individuell geführtes und persönliches Gespräch, schnelles Feedback

Gewünschte fachliche Qualifikationen:
- Erfolgreich abgeschlossenes Studium (Bachelor oder Master) der Wirtschaftswissenschaften, Betriebswirtschaft oder eines vergleichbaren Studiengangs mit einem relevanten Schwerpunkt in Audit, Tax, Accounting oder Finance

- Erfolgreich abgeschlossenes Studium bei der Finanzverwaltung zum Diplom Finanzwirt

Gewünschte persönliche Qualifikationen:
- Freude im Team zu arbeiten
- Empathisches sowie sympathisches Auftreten
- Eigenverantwortlicher Stil und Bereitschaft eigene Ideen einzubringen

Einstiegsgehalt/besondere soziale Leistungen:
- Wir bieten Ihnen eine sehr gute, leistungsgerechte Vergütung. 13,5 Gehälter, proaktive Gehaltsanpassung sowie 30 Tage Urlaub.
- Profitieren Sie von den Möglichkeiten einer inhabergeführten Struktur mit kurzen Entscheidungswegen und individuellen Karrieremöglichkeiten.
- Wir unterstützen Sie aktiv und individuell bei Ihrem Examen durch Freistellung und finanziellen Ausgleich.

Firmenporträt Märkische Revision GmbH

I. Über uns

Als eine der führenden, unabhängigen Steuerberatungs- und Wirtschaftsprüfungsgesellschaften im Ruhrgebiet beraten wir mittelständische Unternehmen, börsennotierte Gesellschaften und Start-ups. Mit unserem umfassenden und interdisziplinären Beratungsansatz entwickeln wir Lösungen, die stets auf die individuellen Bedürfnisse unserer Mandanten zugeschnitten sind. Seit Gründung der Märkischen Revision vor mehr als 50 Jahren leitet uns dabei ein Grundsatz: Wir beraten als Unternehmer für Unternehmer.

50 Jahre — Märkische Revision
Ein sicherer Partner.

II. Unser Angebot

Präsentieren Sie uns von Beginn an bei unseren Mandanten, gestalten Sie herausfordernde Mandate und profitieren Sie von den Möglichkeiten einer inhabergeführten Struktur mit kurzen Entscheidungswegen und individuellen Karrieremöglichkeiten. Zudem erwartet Sie eine sehr gute, leistungsgerechte Vergütung und wir bieten Ihnen flexible Arbeitszeitmodelle für Ihre ganz individuellen Bedürfnisse und Lebensumstände.

III. Vision

Wir wachsen gemeinsam mit unseren Mandanten und begleiten sie verlässlich und mit tiefer Expertise durch gute und durch herausfordernde Zeiten. Unser Ziel: Wir wollen der beste Berater für unsere Mandanten sein.

IV. Kultur

Bei uns können Sie Ihre fachliche Expertise, Ihr unternehmerisches Denken und Ihren Teamgeist in einem Umfeld entfalten, das durch ein herzliches Miteinander, flache Hierarchien und Respekt vor der Leistung jedes Einzelnen geprägt ist.

V. Unsere Kompetenzen

Steuerberatung

Die steuerlichen Strukturen und Rahmenbedingungen sind permanenten Änderungen unterworfen. Für den Erfolg von Unternehmen ist ständiges Umdenken erforderlich. Die Märkische Revision arbeitet mandantenorientiert und bietet maßgeschneiderte Lösungen in sämtlichen Fragen des Steuerrechts. Wir erbringen im Dialog mit unseren Mandanten Steuerberatungsleistungen mit dem Ziel, für sie den größtmöglichen wirtschaftlichen Nutzen daraus zu ziehen. Mit dem Blick für persönliche und unternehmerische Bedürfnisse schöpfen wir die steuerlichen Gestaltungsmöglichkeiten aus. Dabei finden auch grenzüberschreitende Sachverhalte ihre Würdigung. Wir beraten fachkundig in allen Fragen des nationalen und internationalen Steuerrechts. Unsere besonderen Kompetenzen liegen in der steuerlichen Gestaltungsberatung sowie in der nachhaltigen Vertretung der Interessen unserer Mandanten bei steuerlichen Außenprüfungen, Rechtsbehelfs- und steuergerichtlichen Verfahren.

Wirtschaftsprüfung

Unsere Wirtschaftsprüfung steigert Glaubwürdigkeit und Vertrauen in die Unternehmensinformationen für alle Adressaten des Jahresabschlusses und ist damit der Ausgangspunkt für die Entwicklung von zukunftsgerichteten Ideen und Gestaltungsansätzen. Die klassische Verbindung von externer Rechnungslegung im Jahresabschluss und optimierter steuerlicher Gestaltung hat auch heute noch zentrale Bedeutung. Es ist unser besonderes Anliegen, unsere Mandanten über die professionelle Abwicklung der Abschlussprüfung hinausgehend bei der Bewältigung der gestiegenen Anforderungen an die Rechnungslegung aktiv zu unterstützen. Unsere Mandanten profitieren in doppelter Hinsicht von unserer Strategie, im Rahmen der Abschlussprüfung überwiegend hochqualifizierte und sowohl in prüferischer als auch steuerlicher Hinsicht erfahrene Mitarbeiter*innen mit der Berufsqualifikation als Wirtschaftsprüfer und/oder Steuerberater einzusetzen: Zum einen wird dadurch die Dauer der Prüfung reduziert, zum anderen steht unseren Mandanten persönlich und unmittelbar vor Ort ein vertrauter Ansprechpartner zur Verfügung, der eigenverantwortlich Entscheidungen treffen und tiefer gehende Fragen in Koordination mit Spezialisten unseres Hauses beantworten kann. Dabei legen wir besonderen Wert auf Kontinuität in der persönlichen Mandatsbetreuung.

Rechtsberatung

Unsere angeschlossenen Sozietät Berten & Partner bietet eng vernetzt mit der Betreuung durch die Märkische Revision Rechtsberatung vorwiegend im Wirtschaftsrecht an. Gemeinsam mit der Märkischen Revision GmbH verbinden wir eine mehr als 30-jährige Erfahrung mit der Energie einer modernen und jungen Kanzlei. Für Arbeit und Team gelten hohe Qualitäts- und Leistungsmaßstäbe und unsere erfahrenen Spezialisten finden für jedes Projekt immer die passende Lösung. Dabei kommunizieren wir direkt, sind flexibel und reaktionsschnell. Unsere effiziente Kanzleistruktur steht für kurze Wege und eine ausgewogene Preisstruktur.

Buchhaltung

Die Digitalisierung der Buchhaltung schreitet voran. Der digitale Beleg- und Datenaustausch sowie die zentrale und revisionssichere Ablage von digitalen Dokumenten und Auswertungen erfolgt über die internetbasierten Software- und Cloud-Lösungen „DATEV Unternehmen online" und „DATEV Digitale Personalakte" sowie „DATEV Belege online".

Corporate Finance

Wesentliche unternehmerische Weichenstellungen erfordern eine professionelle Vorbereitung und ein konsequentes Handeln bei der Umsetzung. Mit spezialisierten, interdisziplinären Teams bieten wir Ihnen eine qualitativ hochwertige Beratung bei Corporate-Finance-Projekten, wie Bewertungen,

Unternehmenstransaktionen, Finanzierungsfragen oder Restrukturierungslösungen. Wir sind uns der hohen Verantwortung, die die Entscheidungsträger und uns als Berater in diesen Aufgabenstellungen trifft, voll bewusst. Unsere Mandanten können daher von uns ein Höchstmaß an fachlichem Knowhow und persönlichem Engagement erwarten.

IT-Kompetenz

Alles für die Sicherheit und Compliance für die Unternehmens-IT: Cyber-Sicherheit und Datenschutz, Analyse und Digitalisierung von IT-Prozessen, IT-Projekt-Management und -Begleitung, Auslagerung von IT, Entwicklung von IT-Strategien sowie Strategien für regulatorische Prozesse.

VI. Verstärken Sie unser Team

Das erwartet Sie bei uns

- Individuelle Einarbeitung in den Bereich der Steuerberatung unter Leitung eines berufserfahrenen Mentors und Einblick in den Bereich der Wirtschaftsprüfung. Je nach Erfahrung erhalten Sie bereits die Mitverantwortung für eine Reihe von Mandanten
- Im Bereich Steuern erstellen Sie Jahresabschlüsse und bereiten betriebliche sowie private Steuererklärungen für unsere Mandanten vor
- Darüber hinaus wirken Sie an gutachterlichen Stellungnahmen zu steuerrechtlichen und betriebswirtschaftlichen Fragestellungen mit
- Im Bereich Wirtschaftsprüfung unterstützen Sie bei Pflicht- und freiwilligen Prüfungen der Jahres- und Konzernabschlüsse unterschiedlicher Rechtsformen
- Ferner wirken Sie bei prüfungsnahen Beratungen und bei Sonderprüfungen (u. a. Unternehmensbewertungen oder Due Diligence) mit

Das bringen Sie mit

- Sie verfügen über ein erfolgreich abgeschlossenes Studium der Wirtschaftswissenschaften, Betriebswirtschaft oder eines vergleichbaren Studiengangs mit einem relevanten Schwerpunkt in Audit, Tax, Accounting oder Finance
- Idealerweise verfügen Sie über erste Berufserfahrung in Form von Praktika oder einer Werkstudententätigkeit in einer Steuerberatungs- oder Wirtschaftsprüfungsgesellschaft
- Analytische Fähigkeiten, Zahlenaffinität, Eigeninitiative und Spaß an projektorientierter Arbeit sowie Teamarbeit runden Ihr Profil ab
- Die Berufsexamina zum Steuerberater und/oder Wirtschaftsprüfer (m/w/d) sind Ihr Ziel

Unsere Benefits

1. **Flexible Arbeitszeiten:** Wir bieten Ihnen flexible Arbeitszeitmodelle für Ihre ganz individuellen Bedürfnisse und Lebensumstände.
2. **Ausgezeichnete Vergütung:** Wir bieten Ihnen eine sehr gute, leistungsgerechte Vergütung.
3. **Starker Zusammenhalt:** Kollegialität bestimmt unseren Arbeitsalltag, aber auch regelmäßige Firmenevents wie der Essener Firmenlauf, Sommerfest und Weihnachtsfeier dürfen bei uns nicht fehlen.
4. **Sympathische und offene Arbeitsatmosphäre:** Uns zeichnet eine offene Firmenkultur mit flachen Hierarchien aus.
5. **Persönliche Weiterentwicklung:** Profitieren Sie von den Möglichkeiten einer inhabergeführten Struktur mit kurzen Entscheidungswegen und individuellen Karrieremöglichkeiten.
6. **Zielorientierte Examensförderung:** Wir unterstützen Sie individuell bei Ihrem Examen mit unseren Förderprogrammen.
7. **Individuelle Spezialisierung:** Wir fördern Ihre Spezialisierung in Ihrem favorisierten Fachbereich.
8. **Hybrider Arbeitsplatz:** Sie können sowohl in unseren modernen Einer-/Zweierbüros oder zweitweise mobil von Zuhause aus arbeiten.

9. **Modernes Arbeitsumfeld:** In unseren großzügigen und ergonomisch ausgestatteten Einer-/Zweierbüros finden Sie eine modernes IT-Umfeld (u. a. Mini PC oder Notebook und zwei Bildschirmen).
10. **Attraktive Empfehlungsprämie:** Wir gewähren Empfehlungsprämien im Falle der erfolgreichen Vermittlung eines neuen Teammitgliedes.
11. **Zahlreiche Parkplätze:** Unsere Hauptniederlassung punktet mit kostenfreien Parkmöglichkeiten.
12. **Vielfältige Mitarbeiterrabatte:** Sie erhalten Zugang zu starken Vergünstigungen bei namhaften Marken.

Moore Deutschland AG
Wirtschaftsprüfungsgesellschaft

Lindwurmstraße 114, 80337 München
Tel.: +49 211 261 308-22, E-Mail: info@moore-germany.com
Internet: www.moore-germany.com
LinkedIn: moore-deutschland, Facebook / Meta: Moore.Deutschland

Anzahl der Mitarbeiter:
In Deutschland mehr als 1.300, weltweit über 30.000.

Kontaktperson für Bewerbungen:
Dunja Krug, Alliance Management
Tel.: +49 211 261 308-22
E-Mail: dunja.krug@moore-germany.com

Voraussichtlicher Personalbedarf in 2023:
Praktikanten und Absolventen in allen Geschäftsbereichen und für alle Standorte.

Auswahlverfahren: Vollständige Bewerbungsunterlagen, Einzelgespräche.

Gewünschte fachliche Qualifikation:
Fachrichtung: Wirtschaftswissenschaften, Jura, (Wirtschafts-)Ingenieurwesen, (Wirtschafts-)Informatik, (Wirtschafts-)Mathematik mit Schwerpunkt Wirtschaftsprüfung und/oder Steuern, überdurchschnittliche Studienleistung, zielgerichtete Praktika oder Berufsausbildung, IT-Kenntnisse, gute Englischkenntnisse.

Gewünschte persönliche Qualifikation:
Sicheres Auftreten, Engagement und Teamfähigkeit, analytisches Denken und Urteilsvermögen, Flexibilität und Bereitschaft zu dienstlichen Reisen.

Einstiegsgehalt/besondere soziale Leistungen:
Je nach Qualifikation und Berufserfahrung, umfangreiche Aus- und Fortbildung.

Zusätzliche Informationen über das Unternehmen:
- ☒ Internetseite: www.moore-germany.com
- ☐ Bewerberbroschüre
- ☒ Unternehmensbroschüre

Firmenportrait Moore Deutschland AG

Unsere Unternehmenskultur

Der Name Moore steht für qualitativ hochwertige Leistungen und individuelle, persönliche Betreuung. Diesem Anspruch fühlen wir uns nicht nur gegenüber unseren Mandanten verpflichtet, sondern auch gegenüber unseren Mitarbeitern. Wir zeichnen uns durch eine anspruchsvolle und zugleich partnerschaftliche Unternehmenskultur aus.

Das weltweite Netzwerk von Moore bietet allen Mitarbeitern die Möglichkeit, international und interdisziplinär Kontakte zu knüpfen. Der Austausch untereinander und unser Miteinander auf Augenhöhe sorgen für ein wertschätzendes Umfeld. Jeder ist darüber hinaus aufgefordert, sich mit seinem Fach- und Spezialwissen einzubringen, damit wir gemeinsam Erfolge feiern können.

Wir legen großen Wert auf selbstständige Arbeit und die frühzeitige Übernahme von Verantwortung. Wenn Sie das nötige Engagement mitbringen und für Sie obendrein der Kontakt zu Ihren Mandanten von großer Bedeutung ist, dann werden wir gut zueinander passen:

- Wir bieten ein umfangreiches Spektrum an internen und externen Aus- und Fortbildungsmöglichkeiten, das niederlassungsübergreifend konzipiert ist.
- Wir fördern den interdisziplinären und partnerübergreifenden Austausch von Wissen und Ideen.
- Unsere Anerkennung zeigen wir mit einer marktgerechten Vergütung, kontinuierlicher Weiterbildung und Unterstützung bei Berufsexamina.

Unser Aus- und Fortbildungsprogramm umfasst insbesondere folgende Bereiche:
- Wirtschaftsprüfung Basiskurse: Prüfungstechnik, IKS-intensiv.
- Spezialkurse: IFRS, Konzernrechnungslegung, Unternehmensbewertung, Prüfung der IT-Systeme bei KMU, Internationales Steuerrecht, Verrechnungspreismanagement, Brennpunkte der Abschlusserstellung.

Moore Deutschland

Wir betreuen in Deutschland seit dem Jahr 2000 erfolgreich hauptsächlich mittelständische Mandanten. Hier zählt sowohl die fachliche Kompetenz als auch ein partnerschaftliches Miteinander und nachhaltiges Arbeiten.

Daher pflegen wir über unsere lokalen Niederlassungen Vertrauensverhältnisse, die oft über viele Jahre gewachsen sind. Wir begleiten Unternehmen von der Gründung bis zur möglichen Übergabe; deshalb kennen wir nicht nur die Firmendetails, sondern auch die Menschen dahinter, die wir oft vom ersten Tag an beratend begleiten.

Die Moore Deutschland AG ist ein rechtlich unabhängiges Mitglied von Moore Global Network Ltd., einem Netzwerk von Wirtschaftsprüfungs- und Beratungsfirmen in 114 Ländern.

Insgesamt gehören in Deutschland derzeit 12 Kanzleien mit mehr als 1.300 Mitarbeitern dem Moore Netzwerk an. Sie finden Mitgliedskanzleien der Moore Deutschland AG an folgenden Standorten:

Augsburg, Berlin, Bielefeld, Duisburg, Frankfurt am Main, Hamburg, Hannover, Iserlohn, Kassel, Koblenz, Mannheim, München und Stuttgart.

Unter Beibehaltung der Selbständigkeit der einzelnen Gesellschaften wurde mit der Moore Deutschland AG eine bundesweit präsente Wirtschaftsprüfungsgesellschaft geschaffen, in der die Interessen von mittelständischen Wirtschaftsprüfungsgesellschaften, wie zum Beispiel

- Qualitätssicherung
- gemeinsames Aus- und Fortbildungsprogramm
- gemeinsame Bearbeitung von Prüfungsaufträgen
- internationale Kontakte und internationaler Erfahrungsaustausch

gebündelt sind.

Unser internationales Netzwerk

Als Mitglied von Moore Global Network Ltd. verfügen wir über eine exzellente Basis für unsere internationalen Aktivitäten:

- Prüfungen nach internationalen Standards (IFRS, US-GAAP, ISA)

- Beratung in internationalen Teams
- Internationales Steuerrecht
- Grenzüberschreitende Transaktionen (Umstrukturierungen, Kauf und Verkauf von Unternehmen, Verlagerung von Aktivitäten)

Moore Global Network Ltd. ist in allen wichtigen Wirtschaftszentren weltweit durch unabhängige Mitgliedsfirmen vertreten. Damit zählt Moore Global zu den zwölf größten internationalen Netzwerken (lt. IAB 2021) und erstreckt sich mit über 30.000 Mitarbeitern über alle Kontinente.

Moore Global Network Ltd. (MGNL) ist Full Member des Forums of Firms. Ziel des Forums ist die Förderung hoher Qualitätsstandards für Finanzberichterstattung und Abschlussprüfung in aller Welt. Voraussetzung für die Aufnahme in das Forum sind unter anderem die Einhaltung der vom International Auditing and Assurance Standards Board (IAASB) herausgegebenen internationalen Standards zur Qualitätskontrolle sowie die regelmäßige Durchführung weltweit koordinierter interner Qualitätssicherungsprüfungen.

Unsere Mandanten

Ob groß oder klein – alle Mandanten von Moore haben eines gemeinsam: Sie sind Menschen, und als solche behandeln wir sie auch. Diesen persönlichen und vertrauensvollen Service wissen unsere langjährigen, treuen Mandanten sehr zu schätzen.

Wir betreuen überwiegend mittelständische Unternehmen aus allen Industrie- und Dienstleistungsbereichen, kommunale Auftraggeber sowie Einrichtungen der öffentlichen Hand. Zu unseren Mandanten gehören jedoch auch Privatpersonen und börsennotierte Unternehmen.

Werden Sie Teil unseres Erfolges

Insgesamt bieten Ihnen die Mitgliedskanzleien der Moore Deutschland AG an allen Standorten ein spannendes, vielseitiges und äußerst professionelles Arbeitsumfeld. Sie wollen uns unverbindlich kennen lernen? Dann folgen Sie uns doch einfach: LinkedIn: moore-deutschland, Facebook / Meta: Moore. Deutschland.

Naust Hunecke Gruppe

Lange Straße 19, 58636 Iserlohn
Tel.: +49 2371 7746-0, Fax: +49 2371 774630
E-Mail: info@nhup.de, Internet: www.nhup.de

Standorte: Attendorn, Hagen, Iserlohn, Witten

Anzahl der Mitarbeiter: rund 180
davon Berufsträger: 54

Kontaktadresse für Bewerbungen: bewerbung@nhup.de

Voraussichtlicher Bedarf 2023:
Steuerberater, Wirtschaftsprüfer, Prüfungsassistenten, Steuerfachangestellte, Werksstudenten, Praktikanten

Auswahlverfahren:
Schriftliche Bewerbung per E-Mail, persönliches Gespräch

Gewünschte fachliche Qualifikation:
- abgeschlossenes wirtschaftswissenschaftliches Studium
- zielgerichtete Praktika oder Berufsausbildung
- IT-Kenntnisse
- gute Englischkenntnisse

Gewünschte persönliche Qualifikation:
- unternehmerisches und analytisches Denken
- Flexibilität
- sprachliches Ausdrucksvermögen
- sicheres Auftreten
- Verschwiegenheit

Einstiegsgehalt/besondere Leistungen
- Einstiegsgehalt nach Vereinbarung
- Umfangreiche Fortbildungs- und Weiterbildungsmöglichkeiten
- Unterstützung bei der Vorbereitung auf die Berufsexamina

Zusätzliche Informationen über das Unternehmen:
- ☒ Internetseite: www.nhup.de
- ☐ Bewerberbroschüre
- ☒ Unternehmensbroschüre

Firmenportrait NH Gruppe

Ob Angestellter oder Unternehmer, öffentliche Institution oder Privatperson – die meisten von uns beschäftigen sich nur ungern mit Steuer-, Rechts- und Wirtschaftsthemen. Genau hier kommen wir ins Spiel: Die NH Gruppe. Wir bieten neben qualitativ hochwertiger Abschlussprüfung sowie Abschlusserstellung nach nationalen und internationalen Rechnungslegungsnormen ein breites Spektrum an Leistungen in den Bereichen Steuerberatung, Rechtsberatung und betriebswirtschaftlicher Beratung an. Und dies nicht nur in Südwestfalen sondern über unser MOORE Netzwerk weltweit.

In der langjährigen und partnerschaftlichen Zusammenarbeit mit unseren Mandanten haben wir gelernt, worauf es ankommt: Vertrauen. Sie ist die unabdingbare Voraussetzung für ein offenes, ziel- und erfolgsorientiertes Klima zwischen Mandant und Kanzlei.

Doch wer sind unsere Mandanten? Das sind Unternehmen aus Industrie, Handel und Dienstleistung oder auch aus öffentlich-rechtlichen Bereichen sowie Privatpersonen. Wir beraten und betreuen sie umfassend in allen wirtschaftlichen, steuerlichen und rechtlichen Belangen. Spezialdisziplinen, wie z. B. prüfungsnahe Beratungsleistungen sowie Unternehmensberatung und Dienste im IT-Bereich, decken wir ebenfalls durch unsere NH Partner ab.

Leistungsportfolio

Wirtschaftsprüfung

Im Bereich der Wirtschaftsprüfung arbeiten wir eng mit unseren Mandanten zusammen. Nur so schaffen es unsere Experten bei NH, mehr als eine standardisierte, gesetzlich vorgeschriebene Dienstleistung anzubieten. Wie das funktioniert? Im ersten Schritt gilt unser Fokus dem individuellen Geschäfts- und Risikoumfeld unserer Mandanten. Wir führen eine geschäftsprozess- und risikoorientierte Analyse der Unternehmensaktivitäten und des internen Kontrollsystems durch, sodass wir Risiken und ihren Einfluss auf die Geschäftsentwicklung frühzeitig erkennen. Im nächsten Schritt werden kritische Themen und Optimierungspotenziale an einem Tisch mit unserem Mandanten besprochen. Abschließend dokumentieren wir unsere Arbeit in aussagefähigen Prüfungsberichten, die unseren Mandanten als Informationsquelle, Vorlage für Bankengespräche, Aufsichtsrats- und Gesellschafterversammlungen sowie als Grundlage für unternehmerische Entscheidungen dienen. Durch unsere Mitgliedschaft im MOORE Netzwerk können wir unseren international tätigen Mandanten Ansprechpartner aus dem Netzwerk für die Prüfung von ausländischen Tochterunternehmen vermitteln. Wir führen Konzernabschlussprüfungen durch und unterstützen unsere Mandanten bei der Planung und Organisation der Prüfungen.

Steuerberatung

Kein Bereich unterliegt derartigen Veränderungen wie das Steuerwesen. Gesetzesänderungen in kurzen Intervallen, der Wirtschaftswandel und stetige Neuerungen in der Rechtsprechung stellen große Herausforderungen an die Steuerberatung. Deshalb ist es heute umso wichtiger, strategische und betriebswirtschaftliche Entscheidungen unter Berücksichtigung von steuerlichen Auswirkungen zu treffen. Hand in Hand mit unserem Mandanten entwickeln wir maßgeschneiderte Steuerkonzepte, welche die aktuelle Situation und die persönlichen Vorstellungen des Mandanten berücksichtigen. Im Rahmen des MOORE Netzwerkes sind wir in der Lage, auch anspruchsvolle internationale steuerliche Fragestellungen zu lösen.

Rechtsberatung

Rechtliche Fragestellungen: Für fast jeden Unternehmer ein Buch mit sieben Siegeln. Dabei sind sie nahezu bei allen unternehmerischen Handlungen und Phasen der Unternehmensentwicklung zu berücksichtigen. Deshalb überlässt man dies am besten den Profis. Wir bei NH konzentrieren uns schwerpunktmäßig auf wirtschaftsrechtliche Bereiche und beraten den Mandanten immer unter Berücksichtigung der steuerlichen Auswirkungen in Abwägung der Risiken, der wirtschaftlichen Chancen und der persönlichen Situation. Selbstverständlich begleiten und/oder vertreten unsere Rechtsanwälte den Mandanten in den jeweiligen Verhandlungen und Verfahren. Darüber hinaus gestalten und pflegen wir alle für die Unternehmensführung erforderlichen Verträge.

Unternehmensberatung

Mittelständische Unternehmen wollen sich auf ihre Kernkompetenz konzentrieren. Doch Themen wie Personalführung, Produktion und Produktentwicklung, Kunden- und Lieferantenbetreuung, Investitionen und Finanzierung bis hin zur Organisation sind ein Teil jeder Unternehmung. Das Ziel der Experten bei NH ist es, mittelständische Unternehmen wirtschaftlich zu stärken: Mit gezielten Strategien, der Beobachtung von Absatz- und Beschaffungsmärkten und durch die Antizipation von relevanten Veränderungen – innerhalb und außerhalb des Unternehmens. Wir sind der Partner des Mittelstandes und begleiten den Mandanten bei allen unternehmerischen Entscheidungen: Mit einem eigens zusammengestellten Team, bestehend aus Rechtsanwälten, Steuerberatern, Wirtschaftsprüfern und qualifizierten Beratern der NH Unternehmensberatung.

Transaktionsberatung

Die wichtigsten Instrumente der Unternehmensstrategie: Kooperationen in sämtlichen Ausprägungen, die Ausweitung der Aktivitäten im Ausland sowie der gesamte Bereich Mergers & Acquisitions (M & A). Hier gilt es den richtigen Fokus zu setzen, um die Zukunft des Unternehmens zu gestalten. Die Gestaltung reicht von der Nachfolge von Familienmitgliedern im Unternehmen oder Nachfolge durch Mitarbeiter des Unternehmens über die strategische Kooperation mit Dritten bis hin zum Erwerb oder der Veräußerung von Unternehmen.

Die Zielsetzungen solcher Transaktionen sind vielfältig: Konzentration auf die Kernkompetenz, Ausbau der Marktposition im globalen Wettbewerb oder auch die Sicherung der Unabhängigkeit des Unternehmens im Zuge anstehender Generationenwechsel. Der Transaktionserfolg hängt nicht zuletzt von einer Vielzahl emotionaler Faktoren ab, die ebenso zu berücksichtigen sind wie die wirtschaftlichen und rechtlichen Rahmenbedingungen.

Nachfolgeberatung

Wer wird der Nächste? Die Frage nach der Unternehmensnachfolge wird für den Mittelstand in Deutschland immer wichtiger. Wer sich näher damit beschäftigt, merkt schnell, dass sich diese Aufgabe nicht einfach nebenbei mit dem Anwalt und dem Steuerberater lösen lässt. NH widmet sich dieser Aufgabe. Denn wir sind Prüfer und Berater des Mittelstands aus Tradition. Unser Team hilft dem Unternehmer, sein Lebenswerk in Deutschland und weltweit „in trockene Tücher" zu bringen und komplexe Sachfragen zu beantworten. Für einen erfolgreichen Generationenwechsel im Unternehmen.

Treuhandtätigkeit

Ihr Anliegen in treuen Händen. Wir bei NH vertreten die Interessen unserer Mandanten in vielen Sachverhalten. Von der Nachlassverwaltung, Liquidation und Vermögensverwaltung bis hin zur Vormundschaft oder Notgeschäftsführung, achten wir stets auf die Balance zwischen den verschiedenen Interessen – natürlich unter Beachtung gesetzlicher und vertraglicher Regeln. Loyal, unabhängig und objektiv.

Landwirtschaftliche Buchstelle

Sie sind das Rückgrat der deutschen Wirtschaft – die land- und forstwirtschaftlichen Betriebe. Bei NH arbeiten ausgewiesene Sachkundige für die umfangreichen Spezialthemen in diesem Bereich: Besteuerung der Land- und Forstwirtschaft, Agrarrecht, Agrarkreditwesen und landwirtschaftliche Betriebswirtschaft. So schaffen wir es, den Mandanten ganzheitlich in allen steuerlichen und betriebswirtschaftlichen Angelegenheiten im Agrarsektor zu beraten und zu betreuen.

Finanz- und Personalrechnungswesen

Wir stellen die Weichen schon früh, damit alles seine geordneten Bahnen läuft. So unterstützen wir unsere Mandanten umfassend in allen notwendigen Bereichen ihrer Finanzbuchführung, sowohl bei uns als auch beim Mandanten, analog oder digital immer nach individuellen Bedürfnissen. Wir übernehmen die Erstellung der Betriebswirtschaftlichen Auswertung bei Finanzbuchhaltungen in unserem Haus oder helfen bei der Plausibilisierung der vom Mandanten erstellten Auswertungen. Mit den Umsatzsteuervoranmeldungen entlasten wir die Mandanten bei der Steuerdeklaration.

Die Leistungen erstrecken sich über die Kontierung von Belegen, die Eingabe, die Anlagenbuchhaltung, die Debitoren- und Kreditorenbuchhaltung inklusive der Überwachung nebst Mahnwesen, speziellen Branchenlösungen, Kostenrechnung, unterjährige Erfolgskontrolle u. v. m.

Im Rahmen der Lohn- und Gehaltsabrechnung sind wir auch hier in allen notwendigen Bereichen versiert. Von der klassischen Abrechnung über Baulohnabrechnungen, den Umgang mit der Anwendung von Tarifverträgen, die Beurteilung von internationalen Sachverhalten im Personalbereich bis hin zum vollständigen Outsourcing der Personalverwaltung bieten wir einen umfassenden Service. Darüber hinaus können wir in Zusammenarbeit mit unseren spezialisierten Anwälten und Rentenberatern auch alle im Zusammenhang mit der Abrechnung stehenden arbeits- und sozialversicherungsrechtlichen Fragestellungen beantworten.

Internationale Kompetenz

Die Welt rückt immer näher zusammen – vor allem in der Wirtschaft. Wer hier optimal vernetzt ist, bringt die besten Leistungen. Deshalb ist NAUST HUNECKE aktiv im MOORE Netzwerk tätig. Die Zusammenarbeit mit MOORE sichert unseren Mandanten individuelle Beratung und Betreuung bei gleichzeitiger Nutzung gemeinsamer Ressourcen des Netzwerkes und der vielfältigen internationalen Kontakte.

MOORE Deutschland wird von unabhängigen Wirtschaftsprüfungs- und Steuerberatungsgesellschaften getragen. Die Gesellschaften verfügen über hohes Ansehen, Fachkompetenz und Wettbewerbsfähigkeit. Sie bieten in den wichtigsten deutschen Ballungsräumen einen kompetenten Ansprechpartner. Die deutsche Organisation ist Mitglied von MOORE Global, einem weltweiten Netzwerk von rund 300 führenden Wirtschaftsprüfungs- und Steuerberatungsgesellschaften, mit Standorten in 667 Städten und 105 Ländern sowie über 27.000 Mitarbeitern. Seit 1907 haben die Mitglieder ein großes Spektrum professioneller Dienstleistungen entwickelt, um ihre Mandanten bei ihrer Arbeit über Grenzen hinweg zu unterstützen.

Rath, Anders, Dr. Wanner & Partner mbB

Elsenheimerstraße 43, 80687 München
Tel.: +49 89 578382-0; Fax: +49 89 578382-50
E-Mail: jobs@raw-partner.de, Internet: www.raw-partner.de

Standorte: München, Bad Wörishofen, Berlin und Gera

Ansprechpersonen Bewerbungen:
Frau Franziska Kaiser (Personalleitung)
Herr RA/StB Maximilian Appelt
Tel.: +49 89 578382-0
E-Mail: jobs@raw-partner.de

Anzahl der Mitarbeiter: ca. 140
davon Berufsträger: ca. 40 (Steuerberater, Wirtschaftsprüfer, Rechtsanwälte)

Leistungsspektrum:
Steuerberatung, Wirtschaftsprüfung, Rechtsberatung

Voraussichtlicher Bedarf 2023:
Laufender Bedarf an
- Consultants/Steuer- und Prüfungsassistenten (w/m/d)
- Wirtschaftsinformatikern (w/m/d)
- dualen Studenten (w/m/d)
- Werkstudenten (w/m/d)
- Praktikanten (w/m/d)
- Steuerfachangestellten (w/m/d)

Auswahlverfahren:
Schriftliche Bewerbung per E-Mail, persönliches Gespräch

Gewünschte fachliche Qualifikationen:
- Studium in den Fachrichtungen BWL, VWL, Wirtschaftsingenieurswesen, Wirtschaftsmathematik, Wirtschaftsinformatik, Jura oder vergleichbare

Ausbildung, gerne mit den Schwerpunkten Steuerrecht, Prüfungs-/Rechnungswesen
- hohe IT-Affinität

Gewünschte persönliche Qualifikationen:
- Analytische Fähigkeiten
- Professionelles Auftreten
- Hohes Engagement
- Flexibilität
- Teamgeist
- Ausgeprägte Kommunikationsfähigkeit

Einstiegsgehalt/Benefits:
- Einstiegsgehalt je nach Qualifikation und Berufserfahrung
- Sonderurlaubstage, z. B. für Umzug, Hochzeit, Geburt, etc.
- Kostenloser Kaffee und Getränke
- Frisches Obst
- Pausenräume mit Kochmöglichkeit
- Aktive Unterstützung bei Fort- und Weiterbildung
- Examensförderung
- Urlaubsgeld
- Gratifikationen für Dienstjubiläen
- Steuerbegünstigte Sachbezüge
- Jährliche Mitarbeiterevents
- Gemeinsame sportliche Aktivitäten
- Übernahme der Berufskammerbeiträge
- Zuschuss zur betrieblichen Altersvorsorge
- Arbeitgeberfinanzierte Unfallversicherung
- Attraktive Arbeitszeiten mit Gleitzeitregelung

Einstiegsmöglichkeiten:
- Praktikum, Werkstudententätigkeit
- Duales Studium
- Ausbildung zum Steuerfachangestellten
- Berufseinstieg nach Studienabschluss

Zusätzliche Informationen über das Unternehmen:
www.raw-partner.de
Social Media: LinkedIn, Xing

Firmenporträt R·A·W-Partner

Wer wir sind

R·A·W-Partner ist eine interdisziplinär aufgestellte, überregional tätige Kanzlei mit vielfältigen Aufgabenbereichen in den Bereichen Steuerberatung, Wirtschaftsprüfung, Rechts- und Unternehmensberatung sowie deren vielfältigen Schnittmengen.

Seit über 50 Jahren sind wir für unsere vorwiegend aus dem unternehmerischen Mittelstand stammenden Mandanten ebenso professionell wie lösungsorientiert und erfolgreich beratend tätig – wobei uns einige der Mandanten bereits von der ersten Stunde an begleiten.

Mehr als 130 hochqualifizierte Mitarbeiter an den Standorten München, Bad Wörishofen, Berlin und Gera sorgen im Bereich der Steuerberatung, Rechtsberatung und Wirtschaftsprüfung für ein kontinuierlich hohes, den jeweiligen Erfordernissen der Zeit folgendes Niveau, das immer auf der Höhe der aktuellen Gesetzeslage und Rechtsprechung ist. Unter unseren Mandanten sind ebenso große Autohäuser wie Industrieunternehmen (z.B. Anlagen- und Maschinenbau), der Bekleidungsbranche, dem Gesundheitswesen, Architekturbüros, Freiberufler u.v.m. Insgesamt repräsentiert unsere Klientel einen großen Bereich des gesamten Portfolios wirtschaftlicher Tätigkeit.

Was wir tun

STEUERBERATUNG	WIRTSCHAFTSPRÜFUNG	RECHTSBERATUNG
• Jahresabschluss	• Jahres- und Konzernabschlussprüfung	• Handels- und Gesellschaftsrecht
• Finanzbuchhaltung	• Sonderprüfungen	• Umwandlungs- und Umwandlungssteuerrecht
• Lohnbuchhaltung	• Prüfungen von Leasingunternehmen	• Steuerstrafrecht
• Umsatzsteuer	• Due Diligence	• Insolvenzrecht
• Internationale Steuerberatung	• Unternehmensbewertung	• Erbrecht

ÜBERGREIFENDE BERATUNGSLEISTUNGEN

• Nachfolgeberatung	• Notfallplanung	• Family Office	• M&A
• Unternehmensberatung	• Sanierungsberatung	• Compliance / Tax Compliance	• Digitalisierung

Viele Wege führen zu R·A·W-Partner

Ob Sie gerade unterwegs zum dualen Studium sind, bereits mitten drin stecken, ob Sie Ihre Ausbildung oder das Studium schon abgeschlossen haben oder es lieber erst mal mit einem Praktikum probieren, um dann festzustellen, dass Sie zusätzlich noch studieren wollen: Alles geht.

Denn was wir vor allem suchen, sind Motivation, Engagement und Teamfähigkeit. Wer dazu noch das Interesse und vielleicht auch schon einige Fähigkeiten für die Bereiche Steuerberatung, Wirtschaftsprüfung, sowie Rechts- und Unternehmensberatung mitbringt – der sollte sich bei uns ins Spiel bringen. Sie sind am Zug.

Auf jedem Feld zu Hause

Lust auf abwechslungsreiche Arbeit mit Menschen, Strategie und Zahlen? Spaß daran, in der ganzen Bandbreite Unternehmen und Unternehmer zu beraten? Dann sind Sie hier richtig.

R·A·W-Partner – seit 1965 die Kanzlei, die nicht nur aufgrund ihrer zahlreichen Aufgabengebiete attraktiv für jeden ist, der beruflich viel vor hat, sondern die genauso dafür steht, allen Mitarbeitern ein kollegiales wie aussichtsreiches Umfeld zu bieten. Und das ist immerhin die ganze Bandbreite von der Steuerberatung über die Wirtschaftsprüfung, bis hin zur Rechts- und Unternehmensberatung.

Unsere Werte

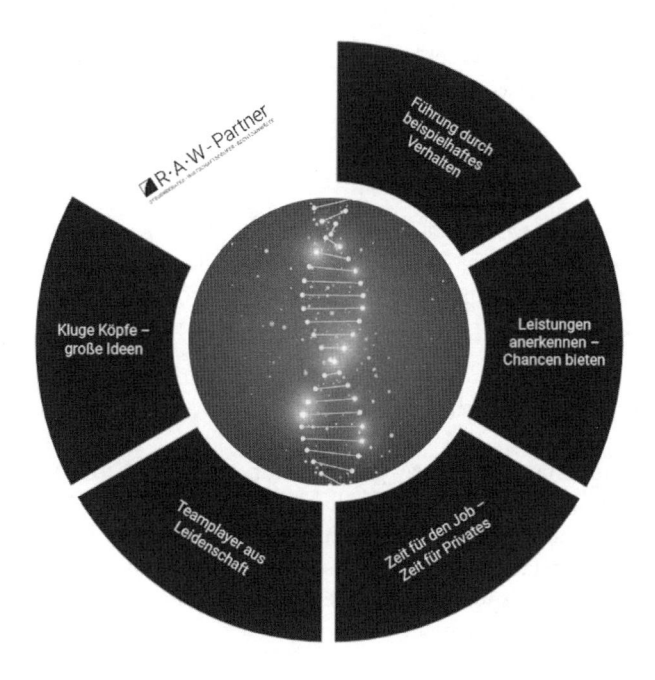

Führung durch beispielhaftes Verhalten

Wir von RAW-Partner sehen uns nicht als Ihr Arbeitgeber, sondern vielmehr als Ihr Partner im Arbeitsleben. Es wird von Ihnen nichts verlangt was wir nicht auch selbst bereit wären zu tun. Denn anstatt auf starre Hierarchien setzen wir auf flache Strukturen und sehen uns nicht als Führungspersönlichkeiten, sondern als Vorbilder, deren Türen für Ihre Belange jederzeit offenstehen. Denn sind wir doch einmal ehrlich: unserer wichtigstes „Gut" sind Sie. Und nur wenn Sie sich wohlfühlen, können Sie sich voll und ganz entfalten.

Leistungen anerkennen – Chancen bieten

Apropos entfalten: wir bieten jedem unserer Mitarbeiter ein auf ihn maßgeschneidertes Weiterbildungsprogramm an. Ob in Voll- oder Teilzeit – wir bieten Ihnen für sämtliche Varianten ein passendes Arbeitszeitmodell an. Ihre Interessen liegen etwas außerhalb des Steuerrechts? Auch kein Problem! Wir finden garantiert etwas Passendes für Sie.

Zeit für den Job – Zeit für Privates

Und auch auf alle Eventualitäten im Leben können Sie bei uns flexibel reagieren, denn wir bieten viele verschiedene Zeitmodelle an, um auf Ihre Bedürfnisse eingehen zu können. Deshalb ist es bei uns auch keine Frage ob „Familie" ODER „Karriere". Beides lässt sich bei uns prima vereinen.

Teamplayer aus Leidenschaft

Einzelkämpfer sind bei uns rar gesät – denn wir verstehen uns als leidenschaftliche Teamplayer und ziehen alle an einem Strang. Das WIR-Gefühl ist auch über die Kanzleiräumlichkeiten hinweg spürbar. Sei es in Form von betrieblichen Veranstaltungen wie Weihnachtsfeiern, Oktoberfestbesuchen und Ausflügen oder von spontanen Runden nach Feierabend. Bei RAW-Partner wird aus einem Du und Ich ein WIR.

Kluge Köpfe – große Ideen

Auch wenn wir voll und ganz hinter unserer Kanzlei stehen, gibt es bestimmt auch Dinge die wir übersehen. Sie haben eine Idee, die den Arbeitsalltag erleichtert? Sie sind technisch versiert und kennen Kniffe, die uns weiter nach vorne katapultieren? Sie sehen eine Problematik im Arbeitsablauf, die wir vielleicht nicht sehen? Dann sprechen Sie uns gerne an. Wir sind offen für Neues und freuen uns darauf gemeinsam mit Ihnen zu wachsen.

Rödl & Partner
Rechtsanwälte, Steuerberater, Wirtschaftsprüfer, Unternehmensberater

Äußere Sulzbacher Straße 100, 90491 Nürnberg
Tel.: +49 911 9193-0, Fax: +49 911 9193-1900
E-Mail: recruiting@roedl.com, Internet: www.roedl.de;
www.karriere.roedl.de

Standorte:

Deutschland: Nürnberg, Ansbach, Berlin, Bielefeld, Chemnitz, Dresden, Eschborn, Fürth, Hamburg, Hof, Jena, Köln, München, Plauen, Regensburg, Stuttgart, Ulm und weltweit (nur Standorte, die Steuerberatung oder Wirtschaftsprüfung anbieten; weitere Informationen: https://www.roedl.de/unternehmen/standorte/deutschland/)

Weltweit: Aserbaidschan (Baku), Äthiopien (Addis Abeba), Belarus (Minsk), Brasilien (Curitiba, São Paulo), Bulgarien (Plovdiv, Sofia), China (Kanton, Peking, Taicang, Shanghai), Dänemark (Kopenhagen), Estland (Tallinn), Finnland (Helsinki, Tampere), Frankreich (Paris, Straßburg), Georgien (Tiflis), Großbritannien (Birmingham), Hongkong (Hongkong), Indien (Delhi, Mumbai, Pune), Indonesien (Jakarta), Italien (Bozen, Mailand, Padua, Rom), Kasachstan (Almaty), Kenia (Nairobi), Kroatien (Zagreb), Lettland (Riga), Litauen (Vilnius), Malaysia (Kuala Lumpur, Penang), Mexiko (Mexiko-Stadt, Puebla, Querétaro), Myanmar (Yangon), Nigeria (Lagos), Österreich (Linz, Wien), Philippinen (Manila), Polen (Breslau, Danzig, Gleiwitz, Krakau, Posen, Warschau), Portugal (Lissabon, Porto), Rumänien (Bukarest, Cluj, Sibiu, Timişoara), Russische Föderation (Moskau, St. Petersburg), Schweden (Malmö, Stockholm), Schweiz (Zürich), Serbien (Belgrad), Singapur (Singapur), Slowakei (Bratislava), Slowenien (Ljubljana), Spanien (Barcelona,

Madrid), Südafrika (Johannesburg, Kapstadt), Thailand (Bangkok), Tschechische Republik (Brünn, Prag), Türkei (Istanbul, Izmir), Ukraine (Charkiw, Kiew), Ungarn (Budapest), USA (Atlanta, Birmingham, Charlotte, Chicago, Greenville, Houston, New York), Vereinigte Arabische Emirate (Dubai), Vietnam (Ho-Chi-Minh-Stadt), Zypern (Limassol).

Anzahl der Mitarbeiter: 5.260 weltweit, 2.000 deutschlandweit

Kontaktperson für Bewerbung:
Team Rekrutierung, Tel.: +49 911 9193-1481

Voraussichtlicher zusätzlicher Bedarf 2023:
Steuerberater/Wirtschaftsprüfer (m/w/d): 30–40
Prüfungs-/Steuerassistenten (m/w/d): ca. 80
Praktikanten (m/w/d): ca. 45

Auswahlverfahren für Prüfungsassistenten:
- Bewerbungsunterlagen
- Vorstellungsgespräch mit jeweiligem Fachentscheider

Gewünschte fachliche Qualifikation:
- Studierende der Wirtschaftswissenschaften mit entsprechenden Schwerpunkten
- einschlägiges Praktikum wünschenswert
- zufriedenstellende Examensnoten
- für die Ausbildung: Erfolgreich abgeschlossene (Fach)Hochschulreife oder mittlere Reife; ausgeprägtes Verständnis für Zahlen sowie betriebswirtschaftliche Abläufe

Gewünschte persönliche Qualifikation
- unternehmerische und analytische Denkweise
- zukunftsorientiert
- hohes Maß an Engagement
- mandantenorientiert

Einstiegsgehalt/besondere soziale Leistungen:
Einstiegsgehalt je nach Qualifikation. Besondere soziale Leistungen sind:
- spezielles Konzept für die „Vereinbarkeit von Karriere und Familie"
- Sonderregelungen hinsichtlich Steuerberater- und Wirtschaftsprüfer-Freistellung

- diverse Benefits, weitere Informationen unter: https://karriere.roedl.de/was-wir-bieten/benefits

Zusätzliche Informationen:
☒ Internetseite (Adresse): karriere.roedl.de
☐ Bewerberbroschüre
☐ Unternehmensbroschüre

Firmenporträt Rödl & Partner

Rödl & Partner Wirtschaftsprüfungsgesellschaft Steuerberatungsgesellschaft – wer sind wir?

Im Jahr 1977 begannen wir als Ein-Personen-Kanzlei in Nürnberg. Schon früh trieben unser Erfolgshunger und Pioniergeist die Internationalisierung bei uns an. Es ist die Kombination unserer Geschichte, unseres unternehmerischen Mutes sowie unseres konsequenten Fokus auf den deutschen Mittelstand, die uns einzigartig macht.

Als familiengeführtes Unternehmen verstehen wir den Mittelstand, weil wir ebenso denken und fühlen. Wir passen zu unseren Mandantinnen und Mandanten.

In den letzten Jahren ist Rödl & Partner aus eigener Kraft sehr stark gewachsen. Inzwischen haben wir über 100 eigene NL und über 5.000 Mitarbeiterinnen und Mitarbeiter weltweit. Daher freuen wir uns über weiteren Kolleginnen und Kollegen, die mit uns erfolgreich sein wollen.

Finden Sie Ihren Karriereweg

Wir bieten transparente und vielfältige Chancen und Karrierewege in unserem international geprägten Umfeld: Unser Karrieremodell. Für jede Karrierestufe bieten wir auf die jeweiligen Aufgaben und Verantwortlichkeiten abgestimmte, praxisorientierte Trainings, in denen Sie Ihre Fach- und Sozialkompetenz sowie Ihr unternehmerisches Potenzial stärken. Zudem steht der intensive Erfahrungsaustausch mit Kolleginnen und Kollegen stets im Fokus.

Verbinden Sie Theorie mit Praxiserfahrung …

Wir unterstützen Ihren Weg anhand der Balance von Lernen und Verantwortung in der Praxis:

- Praktikum während, zwischen Studienabschlüssen oder nach dem Studium
- Duales Studium an ausgewählten Standorten in Deutschland
- Einsatzmöglichkeiten für Werkstudentinnen und -studenten

In der Steuerberatung steht Ihnen bei uns auch der berufspraktische Weg offen. Beginnen Sie Ihre Ausbildung zum Steuerfachangestellten (m/w/d).

Weitere Informationen finden Sie auf: Karriere bei Rödl & Partner

Was uns ausmacht

Es sind unsere Mitarbeiterinnen und Mitarbeiter, die uns erfolgreich machen und den Weg weisen. Sie können am besten erzählen, was die Arbeit bei uns ausmacht und was wichtig ist für den gemeinsamen Erfolg.

Ina Eichhoff (Partnerin & Steuerberaterin):

„Nach meinem Studium begann ich […] zunächst als Prüfungsassistentin im Bereich der Prüfung und Beratung öffentlicher Verwaltungen. Mit meiner Bestellung zur Steuerberaterin […] eröffneten sich mir nochmals völlig neue Blickwinkel im Aufgabenbereich der öffentlichen Hand. Nun begleite ich unsere Mandanten nicht nur bei der Erstellung oder Prüfung von kommunalen Eröffnungsbilanzen und Jahresabschlüssen, sondern stehe ihnen auch mit Coachings zu verschiedenen Themen der kommunalen Bilanzierung zur Seite."

Lesen Sie mehr unter: Von der Praktikantin zur Partnerin: Ina Eichhoff berichtet

Vanessa Unterweger (Ausbildung zur Steuerfachangestellten):

„Ich habe mich für eine Ausbildung bei Rödl & Partner entschieden, da man schon in der Ausbildung Schulungsangebote bekommt. Auch nach der Ausbildung gibt es gute Aufstiegschancen und Weiterbildungsmöglichkeiten. Die Kanzlei ist international sehr gut vernetzt und man hat so die Möglichkeit im Ausland für Rödl & Partner zu arbeiten."

Lesen Sie mehr unter: 5 Fragen zum Thema Ausbildung zur Steuerfachangestellten

Inga Grümpel (Senior Associate Transaction & Valuation Services):

„Habt keine Angst, euch zu bewerben, wenn ihr nicht das perfekte Profil mit hervorragender Ausbildung und Berufserfahrung habt, denn in diesem Bereich erhält man sein Fachwissen „by doing". Rödl & Partner ist bestens vernetzt und über die verschiedenen Bereiche und Teams bekommt ihr die Möglichkeit, euch stetig weiterzubilden und euer eigenes Netzwerk aufzubauen."

Lesen Sie mehr unter: Einmal um die Welt: Inga Heßdörfer über ihre Reiselust und den Einstieg bei Rödl & Partner

Gestalten Sie Ihre Zukunft – Gemeinsam bei Rödl & Partner!

RWT Gruppe

Charlottenstraße 45–51, 72764 Reutlingen
Tel: +49 7121 489-524, Mail: personal@rwt-gruppe.de
Internet: www.rwt-karriere.de

Standorte: Reutlingen, Stuttgart, Albstadt

Kontaktpersonen für Bewerbungen:
Günter Deumelhuber, Leitung Personal, +49 7121 489-524
Elena Keßler, Personalreferentin, +49 7121 489-522

Voraussichtlicher Bedarf 2023:
- Assistenten (m/w/d) Wirtschaftsprüfung/Steuerberatung: laufend, nach Bedarf
- Praktikanten (m/w/d): laufend, nach Bedarf
- Werkstudenten (m/w/d): nach Rücksprache

Auswahlverfahren:
Vorstellungsgespräch(e) mit Partnern und Personalabteilung

Gewünschte fachliche Qualifikation:
Abgeschlossenes Studium der Wirtschaftswissenschaften, idealerweise mit Schwerpunkten aus den Bereichen Steuern, Wirtschaftsprüfung oder internationale Rechnungslegung

Idealerweise erste Praxiserfahrung, z.B. durch ein Praktikum oder eine Werkstudententätigkeit

Gewünschte persönliche Qualifikation:
- Hohe Affinität für Zahlen und wirtschaftliche Zusammenhänge
- Interesse an der Beratung unserer Mandanten
- Hohe Lernbereitschaft und hohes Engagement
- Gute EDV-Kenntnisse
- Teamfähigkeit

Einstiegsgehalt:
branchenüblich

Besondere soziale Leistungen:
Umfangreiches Personalentwicklungskonzept, Förderung für Berufsexamen, Essenszuschüsse, Gesundheits- und Fitnesskurse, Fahrtkostenzuschuss, Zuschuss zur betrieblichen Altersversorgung, Vielzahl an Teilzeitmodellen, flexible Arbeitszeiten (keine Kernarbeitszeit) und Gleitzeitkonten, Business Bike Leasing, u.v.m.

Firmenporträt RWT Gruppe

Regional Champion und Global Expert

Die inhabergeführte RWT zählt zu den großen Prüfungs- und Beratungsunternehmen in Deutschland mit 97 Berufsträgern und über 300 Mitarbeitern an den Standorten Reutlingen, Stuttgart und Albstadt. Ob international agierende Firmengruppe oder lokale Handwerksunternehmen, jeder Kunde profitiert von einem persönlichen Ansprechpartner und vom umfassenden Kompetenznetzwerk aller RWT Bereiche:

- Wirtschaftsprüfung
- Steuerberatung
- Anwaltskanzlei
- Unternehmensberatung
- Personalberatung
- IT Consulting.

Als Mitglied des weltweiten Netzwerks Crowe Global greifen wir, die RWT, auf über 40.000 Experten in 146 Ländern zurück, um unseren Mandanten auch bei internationalen Projekten umfassende Beratung zu bieten.

Laut dem Fachmagazin „JUVE Steuermarkt" ist die RWT weiterhin „Marktführer südlich von Stuttgart" und JUVE Karriere Steuern hat uns 2022 auf Rang 14 der deutschen Top Steuer-Arbeitgeber gelistet. Auch der FOCUS und Handelsblatt bestätigen uns, einer der TOP-Steuerberater in Deutschland zu sein.

Unsere Mandanten sind „besser beraten"

Besser beraten bedeutet für uns: Wir sehen die Welt mit den Augen eines Unternehmers und bieten ganzheitliche Beratung auf Augenhöhe. Wir arbeiten in kleinen, flexiblen und selbständigen Teams. Jeder Mitarbeiter kommuniziert direkt mit seinen Mandanten. Und jeder Berater kann zum Nutzen seines Mandanten auf das ganze RWT Kompetenznetzwerk und unser weltweites Netzwerk Crowe Global zugreifen.

Persönlichkeiten gesucht!

Die Mitarbeiter der RWT sind alle anders. Wir haben unterschiedliche Biographien, unterschiedliche Hintergründe und einen unterschiedlichen Werdegang. Aber eines verbindet uns: Wir haben Charakter und sind Persönlichkeiten. Was das bedeutet? Ganz einfach: Wir geben uns nicht mit einfachen Lösungen zufrieden. Wir fragen nach. Wir denken selbständig. Wir erarbeiten eigene, bessere Wege.

Sie sind es auch? Dann passen Sie zu uns!

Ihre Ziele sind unsere Ziele

Mitarbeitern bieten wir eine Vielzahl an fachlichen und persönlichen Entwicklungsmöglichkeiten. Wir fördern sie mit einem umfangreichen Schulungsangebot. Wir ermöglichen flexible Arbeitszeitmodelle, abgestimmt auf die individuellen Bedürfnisse unserer Mitarbeiter. Insgesamt sind rund 1/3 aller Mitarbeiter in Teilzeit beschäftigt. Darüber hinaus profitieren unsere Mitarbeiter von verschiedenen Sozialleistungen, wie Sport- & Gesundheitsangeboten, Kinderbetreuungsmöglichkeiten, Essenszulagen und einer Betrieblichen Altersvorsorge. Die Beteiligung am Unternehmenserfolg ist für uns selbstverständlich.

Ihr Einstieg bei uns

Direkteinstieg als Bachelor oder Master Absolvent

Sie haben ein wirtschaftswissenschaftliches Studium, idealerweise mit den Schwerpunkten aus den Bereichen Wirtschaftsprüfung, Steuerberatung oder internationale Rechnungslegung abgeschlossen? Außerdem interessieren Sie sich für umfassende Beratung unserer Mandanten, wirtschaftliche Zusammenhänge und haben eine hohe Zahlenaffinität?

Dann starten Sie nach Ihrem Studium bei uns als:
- Assistent (m/w/d) der Wirtschaftsprüfung und Steuerberatung
- Assistent (m/w/d) der Wirtschaftsprüfung
- Assistent (m/w/d) der Steuerberatung

In einem festen Team übernehmen Sie zunehmend selbständig Aufgaben aus den Bereichen Wirtschaftsprüfung und Steuerberatung. Dazu gehören unter anderem die Prüfung von Jahresabschlüssen nach HGB und IFRS, Durchführung von Sonderprüfungen, Erstellung von komplexen Steuererklärungen sowie Gestaltungsberatungen. Dadurch erweitern Sie laufend Ihr Wissen, lernen unsere Mandanten intensiv kennen und steigern permanent Ihre Beratungskompetenz.

Wir legen Wert darauf, dass Sie von Anfang an ein breit ausgerichtetes Wissen aufbauen. Sie arbeiten bei vielfältigen und interdisziplinären Fällen mit, teilweise auch direkt bei unseren Mandanten vor Ort.

Ein erfahrener Ansprechpartner innerhalb Ihres Teams wird Ihnen zur Seite gestellt und arbeitet Sie umfassend in Ihre Aufgaben ein, steht bei Fragen zur Seite und setzt gemeinsam mit Ihnen individuelle Leistungsschwerpunkte, damit Sie persönlich weiterkommen.

Unsere Mitarbeiter unterstützen wir nicht nur finanziell bei der Vorbereitung auf ein Berufsexamen sondern bieten besondere Freistellungen. Bachelor Absolventen fördern wir finanziell bei ihrem berufsbegleitenden Masterstudium.

Während des Studiums

Bei uns können Sie als Praktikant oder Werkstudent Ihr erlerntes theoretisches Wissen in die Praxis umsetzen in den Bereichen:
- Steuerberatung und/oder Wirtschaftsprüfung
- Unternehmensberatung
- IT Consulting
- Anwaltskanzlei
- Personalberatung

Sie lernen Unternehmen unterschiedlichster Branchen und Größen kennen und erfahren die Besonderheiten der verschiedenen Rechtsformen.

Interessiert?

Sie wollen Ihre berufliche Karriere bei einer mittelständischen Wirtschaftsprüfungs- und Steuerberatungsgesellschaft beginnen, um Ihr erlerntes Wissen anzuwenden und durch Training-on-the-job sowie unsere umfassenden Fort- und Weiterbildungsangebote zu erweitern?

Auf unserer Website **www.rwt-karriere.de** finden Sie mehr Details zu unserem Angebot.

Wir freuen uns auf Ihre Bewerbung an:

Günter Demelhuber, Tel.: +49 7121 489-524, personal@rwt-gruppe.de
Elena Keßler, Tel.: +49 7121 489-522

Im RWT-Talk mit Anja Weible

Frau Weible ist seit 2018 Steuerberaterin und begann davor direkt nach Ihrem Studium bei der RWT als Assistentin der Steuerberatung.

Wie kamen Sie zur RWT?

Mir war früh klar, dass ich im Bereich Steuern arbeiten möchte und in meinem letzten Semester, als es ans Bewerben ging, hatte ich nach mittelständischen Beratungsunternehmen mit internationalem Bezug gesucht. Über mein geschaltetes Stellengesuch auf der Website der Steuerberaterkammer wurde ich von der RWT angeschrieben und zum Gespräch eingeladen. Mir gefiel die Struktur der RWT mit ihren flachen Hierarchien, kleinen Teams und dem sehr guten fachlichen Austausch untereinander. Ich bin sehr glücklich, hier angefangen zu haben.

Was bietet die RWT Berufsanfängern?

Das Weiterbildungsangebot ist sehr groß. In meinem ersten Jahr war ich bereits auf vielen fachlichen Fortbildungen. Ich habe von Anfang an eigenständig Projekte bearbeitet und Mandanten betreut.

Da ich viel im Internationalen Steuerrecht unterwegs bin, wurde mir früh ermöglicht, bei unseren Netzwerk-Kollegen von Crowe Global in New York für 3 Monate zu arbeiten und deren Struktur und Herangehensweisen kennenzulernen. Mir hat es persönlich viel gebracht, sich auf eine neue Umgebung einzulassen, und das gleich in New York. Zum anderen war es fachlich lehrreich zu sehen, wie unsere US Kollegen an Problemstellungen herangehen. Da ich zu dieser Zeit bereits viele Transfer Pricing Projekte bearbeitet hatte, war ein guter fachlicher Austausch möglich. Über diese Erfahrung bin ich sehr dankbar und würde sofort wieder gehen.

Sie haben Ihren Steuerberater als eine der Besten in Deutschland bestanden. Wie haben Sie das geschafft?

Durch Lernen, Lernen, Lernen. Ich habe genau wie Andere einen Vorbereitungskurs belegt und ging dann für 4 Monate in Freistellung. Geholfen hat mir, dass ich bei der RWT von Beginn an anspruchsvolle und verschiedene Aufgabenstellungen bearbeitet habe. Den Überblick über viele Themenbereiche zu haben, ist meiner Meinung nach sehr hilfreich. Spezialisieren kann man sich bei der RWT jederzeit nach dem Examen, wenn es ein Spezialthema gibt, für das man sich interessiert.

Was hat sich geändert, seitdem Sie Ihren Steuerberater gemacht haben?

Zum einen hat man natürlich wieder mehr Freizeit. Die Vorbereitung auf das Examen ist herausfordernd, aber wenn man es geschafft hat, ist das ein tolles Gefühl.

Durch die Vorbereitung habe ich sehr viel gelernt und konnte dieses Wissen auch bereits vor dem eigentlichen Bestehen anwenden und bekam entsprechend anspruchsvollere Aufgaben und mehr Verantwortung übertragen. Mein Problembewusstsein ist geschärft und ich kann Mandanten dadurch schneller und umfassender beraten.

Ein Satz zum Schluss: Was raten Sie Berufsanfängern zum Einstieg?

Bis zum Steuerberater ist es ein anstrengender Weg, aber durchbeißen lohnt sich!

UHY Deutschland AG
Wirtschaftsprüfungsgesellschaft

Zimmerstraße 23, 10969 Berlin
Tel.: +49 30 2265930, Fax: +49 30 22679050
E-Mail: berlin@uhy-deutschland.de
Internet: www.uhy-deutschland.de

Standorte: Berlin, Bremen, Frankfurt, Hamburg, Köln, München

Anzahl der Mitarbeiter: ca. 250
davon Berufsträger: ca. 90 (Wirtschaftsprüfer, Steuerberater, Rechtsanwälte)

Kontaktpersonen für Bewerbung:
Schicken Sie Ihre aussagekräftigen Bewerbungsunterlagen mit Standortwunsch bitte an karriere@uhy-deutschland.de

Voraussichtlicher Personalbedarf 2023:
- laufender Bedarf an qualifizierten Absolventen und Praktikanten an ausgewählten Standorten für die Bereiche Wirtschaftsprüfung/Steuerberatung/Rechtsberatung

Auswahlverfahren für Prüfungs-/Steuerassistenten:
- aussagekräftige Bewerbungsunterlagen (vorzugsweise per E-Mail)
- persönliches Gespräch

Gewünschte fachliche Qualifikation:
- Studium an Universitäten oder Fachhochschulen, insbesondere in den Fachrichtungen BWL, VWL, Wirt.-Ing., Jura, Wirtschaftsmathematik/-informatik
- Berufsausbildung oder Praktika
- gute Englischkenntnisse, sichere EDV-Kenntnisse

Gewünschte persönliche Qualifikation:
- ausgeprägte Team- und Kommunikationsfähigkeit
- eigenständige Arbeitsweise mit hohem Qualitätsanspruch
- Engagement und Lernbereitschaft
- analytisches sowie unternehmerisches Denken und Handeln

Einstiegsgehalt/besondere soziale Leistungen:
- Einstiegsgehalt nach Vereinbarung
- interne und externe Fortbildungsmaßnahmen
- Unterstützung bei der Vorbereitung auf die Berufsexamina

Zusätzliche Informationen über das Unternehmen:
☒ Internetseite (Adresse): www.uhy-deutschland.de
☐ Bewerberbroschüre
☒ Unternehmensbroschüre

Firmenporträt UHY Deutschland AG

National vernetzt

Die UHY Deutschland AG ist ein Gemeinschaftsunternehmen langjährig tätiger Wirtschaftsprüfungs- und Steuerberatungsgesellschaften. Die an der UHY Deutschland AG beteiligten Firmen arbeiten mit insgesamt ca. 250 Mitarbeitern und Partnern, davon rd. 90 Berufsträger (Wirtschaftsprüfer, Steuerberater und Rechtsanwälte). Die UHY Deutschland AG hat ihren Hauptsitz in Berlin und Niederlassungen in Bremen, Frankfurt, Hamburg, Köln und München.

International vertreten

International vertreten sind wir als Mitglied von UHY, einer weltweiten Vereinigung von unabhängigen Wirtschaftsprüfungs- und Beratungsgesellschaften mit mehr als 300 Büros in über 100 Ländern und ca. 8.500 Mitarbeitern. UHY gehört damit zu den Top 20 der Wirtschaftsprüferbranche weltweit. Durch unser internationales Netzwerk sind wir in der Lage, unseren Mandanten bei einer Geschäftstätigkeit im Ausland den gewohnt guten Service bieten zu können. Gleichwohl betreuen wir auch Mandanten unserer ausländischen Partner, die eine Niederlassung oder Tochtergesellschaft in Deutschland haben. Englische Sprachkenntnisse sind daher unerlässlich. Unser Umsatz mit internationalem Bezug ist in den letzten Jahren stetig gewachsen.

Unsere Philosophie:
Ganzheitliche Beratung unserer Mandanten

Ziel der Zusammenarbeit in der UHY Deutschland AG ist es, unseren Mandanten durch das zusammengefasste Know-how aller Mitarbeiter und Partner auf höchstem Niveau Prüfungs- und Beratungsleistungen bundesweit anbieten zu können.

Die UHY Deutschland AG und die an ihr beteiligten Firmen verfügen über langjährige umfangreiche Erfahrung in der Beratung und Prüfung mittelständischer Unternehmen.

Unser Beratungsansatz ist lösungsorientiert und ganzheitlich unternehmerisch. Wir verstehen uns als Partner und Coach unserer Mandanten. Unsere Prüfungstätigkeit dient nicht nur der Erfüllung gesetzlicher Verpflichtungen, sondern ist Grundlage für unsere steuerliche und betriebswirtschaftliche Beratung, mit der wir zum unternehmerischen Erfolg unserer Mandanten beitragen.

Ein festes Prüfungsteam durch unsere geringe Personalfluktuation bildet die Basis für eine enge und kontinuierliche Zusammenarbeit mit unseren Mandanten. Die persönliche und individuelle Betreuung durch unser qualifiziertes Team steht dabei stets im Vordergrund, wobei wir unseren Mandanten und deren Mitarbeitern stets als Partner „auf Augenhöhe" begegnen.

Wir sind beim US-amerikanischen PCAOB (Public Company Accounting Oversight Board) registriert und daher auch berechtigt, deutsche Töchter amerikanischer Firmen zu prüfen. Nur wenige deutsche Wirtschaftsprüfungsgesellschaften sind beim PCAOB registriert.

Unsere Mandanten

Zu unserem Mandantenkreis zählen überwiegend mittelständische Unternehmen, der kleine Handwerksbetrieb ebenso wie börsennotierte Kapitalgesellschaften und Privatpersonen. Spezielles Branchen-Know-how können wir in den Bereichen Life Sciences, Finanzdienstleister, Immobilien, E-Commerce, Tourismus und Bildung aufweisen. Wir sind Mitglied von bioPLUS, einem Netzwerk von Dienstleistern, die über besondere Expertise in der Betreuung von Life Sciences-Unternehmen verfügen.

Unser Leistungsspektrum

Wirtschaftsprüfung

- Prüfung von Einzel- und Konzernabschlüssen nach HGB und IFRS
- Due Diligence (Financial und Tax)
- Erteilung von Comfort Letter bei Kapitalmarkttransaktionen
- aktienrechtliche Sonderprüfungen
- Unternehmenswertgutachten

Steuerberatung

- steueroptimierte Rechtsformwahl
- Erstellung von Steuerbilanzen
- Erstellung von Steuererklärungen
- Gestaltungsberatungen
- internationales Steuerrecht

Unternehmensberatung

- Existenzgründungsberatung
- Beratung bei der Einwerbung von Fördermitteln
- Private Equity- und Venture Capital-Finanzierungen
- Mergers & Acquisitions
- Management-Buy-in und Management-Buy-out
- Sanierungsberatung

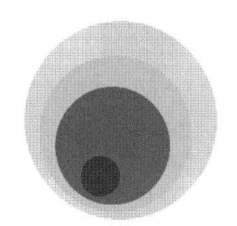

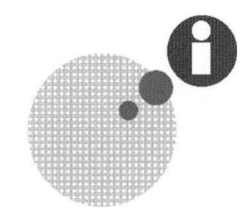

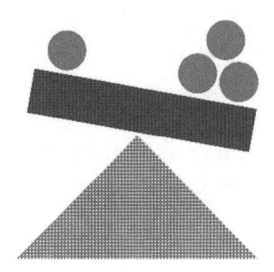

Finanz- und Personalrechnungswesen

- Betreuung im Bereich der analogen und digitalen Finanzbuchführung nach individuellen Bedürfnissen sowohl in unseren Geschäftsräumen als auch beim Mandanten
- umfassender Service im Bereich der Lohn- und Gehaltsabrechnung über die klassische Abrechnung hinaus bis zum vollständigen Outsourcing der Personalverwaltung

Lokal präsent

Unsere Büros sind überschaubare Einheiten, bei denen die persönliche Beratung und Betreuung des Mandanten im Vordergrund steht. Wir verstehen unsere Aufgabe als kontinuierliche, ganzheitliche Beratung unserer Mandanten auf den Gebieten Wirtschaftsprüfung, Steuerberatung und Unternehmensberatung.

Unsere Mitarbeiter

Unsere Mitarbeiter werden sowohl im Bereich der Abschlussprüfung als auch im Bereich der Steuerberatung eingesetzt. Dieses breite Tätigkeitskonzept stellt hohe fachliche Anforderungen an uns alle. Unsere Mitarbeiter sind bereit, sich ständig in den Bereichen Wirtschaftsprüfung und Steuerberatung fortzubilden und die neuesten Entwicklungen in diesen Bereichen zu verfolgen. Wir bieten unseren Mitarbeitern die Möglichkeit zur Fortbildung durch interne und externe Fortbildungsmaßnahmen. Teamgeist und eine hohe fachliche Qualifikation sind die Basis für den Erfolg unseres Unternehmens.

Immer in Ihrer Nähe: Unsere Standorte

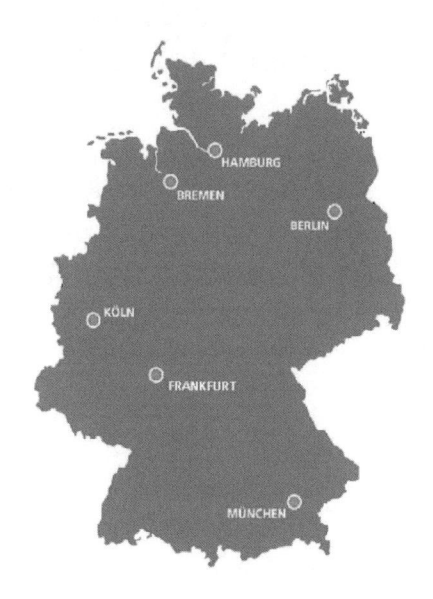

Berlin:

WPin/StBin Dr. Ulla Peters, Tel.: +49 30 2265930, Fax: +49 30 22679050
E-Mail: berlin@uhy-deutschland.de, Zimmerstraße 23, 10969 Berlin

Bremen:

WP Tobias Stuber, Tel.: +49 421 9609434, Fax: +49 421 16237250
E-Mail: bremen@uhy-deutschland.de, Kleiner Ort 5, 28357 Bremen

Frankfurt:

WP/RA/FAStR Thomas Wahlen,
Tel.: +49 69 660593790, Fax: +49 69 6605937999
E-Mail: frankfurt@uhy-deutschland.de, Walther-von-Cronberg-Platz 13,
60594 Frankfurt am Main

Hamburg:

WP/StB Henning Kuhlmann, Tel.: +49 40 530296518, Fax: +49 40 530296565
E-Mail: hamburg@uhy-deutschland.de, Reimersbrücke 5, 20457 Hamburg

Köln:

WP/StB Lars Schewiola, Tel.: +49 2236 33605-0, Fax: +49 2236 33605-99
E-Mail: koeln@uhy-deutschland.de, Industriestraße 161, 50999 Köln

München:

WP/StB Thilo Rath, Tel.: +49 89 55170781, Fax: +49 89 55170749
E-Mail: muenchen@uhy-deutschland.de, Seidlstraße 30, 80335 München

UHY Deutschland AG
Wirtschaftsprüfungsgesellschaft

WOTAX Beratergruppe
Steuerberater – Wirtschaftsprüfer – Rechtsanwälte

Standorte: Aachen, Berlin, Bochum, Hamburg, Köln, Magdeburg, Potsdam, Shanghai, Stuttgart, Wiesbaden

Anzahl der Mitarbeiter: bundesweit 120
davon Berufsträger: 17

Kontaktperson für Bewerbungen:
Nicole Krieweth, E-Mail: bewerbung@wotax.de,
Tel.: +49 241 920 42 111, Fax +49 241 920 42 4111

Voraussichtlicher Personalbedarf 2023:
Auszubildende zum Steuerfachangestellten (m/w/d), Auszubildende zur Kauffrau/Kaufmann für Büromanagement, Steuerberater (m/w/d), Steuerfachangestellte (m/w/d), Steuerfachwirt (m/w/d), Finanzbuchhalter (m/w/d), Lohnbuchhalter (m/w/d), Wirtschaftsprüfer (m/w/d), Volljuristen (m/w/d), Informatiker (m/w/d) und Datenbankentwickler (m/w/d), Empfangsmitarbeiter (m/w/d)

Auswahlverfahren:
Aussagekräftige Bewerbungsunterlagen, guter telefonischer Kontakt, Vorstellungsgespräch mit i. d. R. mehreren Runden, in bestimmten Berufsfeldern ein Probearbeitstermin, vereinzelt Assessment Center

Gewünschte fachliche Qualifikation:
Abgeschlossenes Hochschulstudium der Rechts- und/oder Wirtschaftswissenschaften mit sehr gutem bis gutem Leistungsnachweis, abgeschlossenes Fachhochschulstudium mit sehr gutem bis gutem Leistungsnachweis, für Ausbildungen einen sehr guten bis guten sekundären Schulabschluss

Gewünschte persönliche Qualifikation:
Hohe Einsatzbereitschaft und Eigenverantwortung, exzellente Kommunikationsfähigkeit, hohe Teamfähigkeit, überzeugendes Auftreten, gewissenhaftes

und genaues Arbeiten, Zielstrebigkeit, Termintreue und Arbeiten unter Zeitvorgaben

Einstiegsgehalt:
Überdurchschnittlich und nach Vereinbarung, je nach Qualifikation und Einsatzbereich

Firmenporträt WOTAX Beratergruppe

Gegründet 1979 mit dem Anspruch, durch Leidenschaft, Vertrauen und Können den Erfolg der Mandanten zu befördern und diese Philosophie stets auf alle Mitarbeiter und Stakeholder zu übertragen, ist sich die WOTAX mit diesem Leitsatz bis heute treu geblieben. Durch alle Geschäftsbereiche der WOTAX zieht sich der Anspruch, dem Kunden eine hochwertige Dienstleistung über die klassischen Beratungsfelder hinaus zu bieten. Der Mandant hat die Möglichkeit, eine höchst individuelle Beratung zu erhalten in allen wichtigen Bereichen der Steuer- und Unternehmensberatung, Wirtschaftsprüfung und Rechtsberatung (WOTAXlaw). Mandantenorientierung ist für uns mehr als nur ein Wort, es ist Teil unserer Berufung und bedeutet Mehrwerte zu schaffen.

Durch bestens ausgebildete Mitarbeiter ist es der WOTAX Beratergruppe möglich, sich intensiv mit komplexen und anspruchsvollen Mandaten auf besonders qualifizierte und effiziente Art zu befassen. Die Erfahrung der Kanzlei erstreckt sich über eine Vielzahl an Branchen und erlaubt bereits in der Mandatsanbahnung eine qualifizierte Analyse des Mandatsumfangs und der erforderlichen Leistungen.

Die WOTAX Beratergruppe ist bundesweit aufgestellt, geht aber auch über Grenzen hinaus und verfügt über ein erstklassiges Netzwerk im In- und Ausland. Bereits in der Vergangenheit konnte die WOTAX immer wieder die Beratung von Unternehmen im europäischen Ausland begleiten.

Steuerberatung

Die langjährige Erfahrung in der Steuer- und Unternehmensberatung hat zu einem hochqualifizierten Fachwissen beigetragen, welches die WOTAX mit ihren jeweiligen Gesellschaften den Mandanten weitergibt. So verfügt unser Geschäftsbereich WOTAXtank über jahrzehntelange Erfahrung im Markt der Tankstellen, Händler und Mineralölgesellschaften, der Bereich WOTAXmed bündelt Kompetenzen für Heilberufe, Apotheker und MVZ. Des Weiteren ist WOTAXfranchise auf die Branchen- und Systemberatung fokussiert, während

WOTAXclassic Industrie- und Mittelstandsmandate bündelt und in Kompetenzclustern berät. Durch die Schaffung von Spezialisierung einerseits und durch die Bündelung von Kompetenzen andererseits hat die WOTAX über viele Jahre unzähligen Unternehmen erfolgreiche Dienstleistungsmodelle anbieten können und entwickelt diese kontinuierlich weiter. Dabei verlieren wir uns nicht in anonymer Größe, sondern halten eine Balance aus persönlicher Beratung und dem Leistungsportfolio einer mittelständisch verwurzelten Großkanzlei. Es ist diese langjährige Erfahrung und die effiziente Eingliederung in ein komplexes Beratungsnetzwerk, welches dem Mandanten ein Höchstmaß an Unterstützung bietet, um wirtschaftlich erfolgreich und in jeder Hinsicht gut aufgestellt zu sein.

Inhalte der Steuerberatung sind unter anderem die Steuerdeklaration und Steuerrechtsdurchsetzung, insbesondere aber die Steuergestaltung unter Einbeziehung betriebswirtschaftlicher Fragen. Natürlich erledigen wir dabei für unsere Mandanten das Tagesgeschäft der monatlichen Finanz- und Lohnbuchhaltung bis hin zum vollständigen Outsourcing des Rechnungswesens unserer Mandanten. Die hohe Anzahl in unserem Hause angefertigter Jahresabschlüsse ist Ergebnis des uns entgegengebrachten Vertrauens, zugleich aber auch Grundlage weitergehender Beratungsansätze für Unternehmen aller Rechtsformen und Größe. Ein besonderer Schwerpunkt ist zudem die Gestaltung der Unternehmensnachfolge.

Lohnbuchhaltung und Personalmanagement

Eine besondere Stellung in der WOTAX Beratergruppe genießt die in eine eigene Abteilung ausgegliederte Lohn- und Gehaltsbuchhaltung. Unsere Lohnbuchhaltung bildet ein Kompetenzzentrum, in dem alle vereinbaren Leistungen der lohnsteuerlichen und sozialversicherungsrechtlichen Themen bearbeitet, und ferner Leistungen des Personalmanagements angeboten werden. Die unterschiedlichen Unternehmen und Betriebe, welche in unserem Hause beraten werden, vereint der Wunsch nach Pilotierung im Dickicht des Lohnsteuer- und Sozialversicherungsrechtes. Die betriebliche Abwicklung von Lohn- und Gehaltsabrechnungen, Führung von Jahreslohnkonten, eine Vielzahl elektronischer Meldungen und Beitragsnachweisen sind nur ein kleiner Teil der Kompetenzen unseres Lohnzentrums. Individuelle Auswertungen und die proaktive Beratung, sei es zum Mindestlohn oder einer steueroptimierten Vergütungsstruktur der Belegschaft, sind einige der bemerkenswerten Dienstleistungen der WOTAX Beratergruppe. Unsere kompetenten Mitarbeiter beraten unsere Mandantschaft fortlaufend und entlasten Unternehmer so von einer ganzen Batterie an Aufgabenstellungen. Auf Wunsch übernehmen wir ganze HR-Themen unserer Mandanten, von der Personalsuche bis hin zum Zeugnis.

Wirtschaftsprüfung

Die umfassende Erfahrung der Wirtschaftsprüfer unseres Hauses ergänzt das Portfolio gesamtheitlicher Leistungen, die ein Mandant bei uns erhalten kann. Besonders die sog. Doppelbänder, also Steuerberater und Wirtschaftsprüfer, erlauben eine ganzheitliche Analyse von komplexen Problemstellungen, welche erst die hohe berufliche Qualifikation eröffnet. Neben Abschlussprüfungen von Einzel- und Konzernabschlüssen stehen wir unseren Mandanten im Rahmen von Due-Diligence Prüfungen und Unternehmensbewertungen zur Seite und begleiten sowohl Buyside- als auch Vendor-Due Diligence Prozesse sowie die dazugehörige M&A Transaktion für Mandanten mit sich verändernden oder wachsenden Unternehmensstrukturen. Dies kann mit einer indikativen Bewertung beginnen bis hin zu einem umfangreichen IDW S1 oder Sanierungsgutachten. In diesem Zuge bildet die interdisziplinäre Planung der Unternehmensnachfolge ebenfalls eine Kernleistung, die weit über die Sichtung von Bilanzen hinausgeht.

Rechtsberatung

Die Beratungsbereiche der WOTAXlaw sind vielfältig und umfassend. Mit angestammter Expertise vertreten die Rechtsanwälte und Fachanwälte der WOTAXlaw die Belange unserer Mandanten auf dem Feld der Rechtsberatung. Die Tätigkeitsfelder der WOTAXlaw decken unter anderem folgende Rechts- und Themengebiete ab:

Allgemeines Zivilrecht, Gesellschaftsrecht, Arbeitsrecht, Medizinrecht, Arztrecht, Vertragsarztrecht, Apothekenrecht, Vorsorgevollmacht und Patientenverfügung, Steuerstrafrecht, Versicherungsrecht, Verkehrsrecht, Vergaberecht, Verwaltungsrecht, Öffentliches Baurecht.

Organisation und Verantwortung

Besonderen Wert legt die Geschäftsleitung auf eine lebendige Zusammenarbeit und lernende Prozesse. Möglichst zu jeder Zeit sollte jeder Mitarbeiter die Möglichkeit besitzen, interne Entscheidungsträger wie Team- und Bereichsleiter anzusprechen. Das heißt aber nicht, dass Sie bei uns ohne selbständiges Arbeiten und hohe Eigenverantwortung auskommen. Das erwarten wir von Ihnen.

Kollegen haben stets Gelegenheit, schnell die wichtigsten Daten einer Mandatsbetreuung in unserem zentralen, modernen und sich ständig verbessernden IT-Umfeld abzurufen. Garant dafür ist unter anderem unsere hauseigene IT-Abteilung. Sie hilft auch bei Anwenderfragen oder vermittelt den passenden Ansprechpartner.

Die WOTAX Beratergruppe möchte sich kontinuierlich und nachhaltig weiterentwickeln und bespricht sich in abteilungsinternen sowie abteilungsübergreifenden Meetings regelmäßig zu neuen Anforderungen einer modernen Organisationstruktur. Mitarbeiter sind dabei einbezogen in ihrem jeweiligen Einsatzbereich Verantwortung zu übernehmen, eigene Projekte zu leiten und die Werte des Unternehmens zu leben. Wir suchen Menschen, die Dinge verbessern wollen und neue Wege erkennen, bevor diese ausgetretene Pfade sind.

Karriere und Einsatzbereiche

Um höchsten Anforderungen zu genügen, fordern wir viel von uns und unseren Mitarbeitern und fördern diese auf vielfältigen Ebenen, privat wie beruflich. Qualifizierte (Neu-)Einsteiger, die diese Herausforderung mit Spaß, Freude und Leidenschaft für unseren Beruf annehmen wollen, sind uns daher immer willkommen.

Wir wollen Ihr Bestes, damit wir unser Bestes geben können

Wir wissen, dass Lebensläufe meistens keine gerade Linie sind und nicht immer alles nach Plan verläuft. Das wird in Ihrem Berateralltag nicht anders sein! Wir wollen aber wissen, wie Sie mit Herausforderungen umgehen, was Ihnen weniger liegt und was Sie als Persönlichkeit auszeichnet. Sie müssen nicht fließend Gujarati sprechen, Konzertpianist sein oder mit einem Fallschirm aus Flugzeugen springen, aber Sie sollten sich von anderen unterscheiden. Präzision und Aussagekraft sind das A und O in der Beratung. Machen Sie sich daher die Mühe, ein sauberes, aussagekräftiges Anschreiben und dazu passende Unterlagen zusammenzustellen. Erläutern Sie uns die Motivation für Ihre Bewerbung und legen Sie Ihrem Lebenslauf Abschriften Ihrer Zeugnisse bei. Bei einer Online-Bewerbung gern als Dateianhang. Wir benötigen nicht jedes Sprachzertifikat, sondern möchten Ihren bisherigen Werdegang und Ihre Leistungen nachvollziehen. Sie haben sich mit unserem Unternehmen beschäftigt, wir nehmen uns die Zeit für Sie. Der Bewerbungsprozess ist deswegen auch die Chance, sich gegenseitig kennenzulernen. Zeigen Sie uns, wer in Ihnen steckt. Dabei muss es nicht der optimierte Lebenslauf sein – vorausgesetzt, Sie sind leidenschaftlich und können Dinge umsetzen.

Viele Wege führen zur WOTAX. Zu jedem Zeitpunkt und in jedem Bereich. Ob vor oder nach der Ausbildung, als Praktikant, Uni-Absolvent, Professional oder Berufsträger – wir bieten engagierten Mitarbeitern das ganze Jahr über attraktive Einstiegsmöglichkeiten. Sie schreiben an Ihrer Abschluss- oder Doktorarbeit, wollen als Werkstudent bei uns Erfahrungen sammeln oder das Wissen während der Vorbereitung auf Berufsexamina direkt in die Praxis umsetzen? Insbesondere auch für Frauen kann sich die Frage stellen, wie man nach einer begonnenen Berufstätigkeit und als Mutter wieder einsteigen kann, ohne gleich mindestens eine 5-Tage-Woche zu haben. Bei WOTAX gelingt die Vereinbarkeit von Familie und Beruf perfekt. Als Mitglied im „Kompetenznetzwerk familienfreundliche Unternehmen Ihrer Region" ist es uns wichtig, dass Ihnen die Vereinbarkeit von Beruf und Familie gelingt. Wir unterstützen hier auf vielfältige Weise. Flexible Arbeitszeitmodelle, Telearbeitsplätze sowie individuelle Lohnbausteine sind für uns schon seit Jahren gelebte Elemente dessen.

Sie können sich sowohl auf unsere Stellenangebote bewerben als auch gerne initiativ. Bitte bewerben Sie sich spätestens zwei bis drei Monate vor Ihrem gewünschten Eintrittstermin, damit wir genügend Zeit haben, Ihre Unterlagen zu prüfen und uns kennenzulernen.

Warum kleine Schritte gehen, wenn Sie bei WOTAX auch große machen können?

Andrea Lauterbach / Detlef Jürgen Brauner (Hrsg.)

Berufziel Steuerberater / Wirtschaftsprüfer 2023

Berufsexamina, Tätigkeitsbereiche, Perspektiven

Mit einer Gesamtauflage von über 200.000 Exemplaren hat sich dieses Buch inzwischen zu einem Standardwerk für den Berufsnachwuchs der Steuerberater und Wirtschaftsprüfer entwickelt. Das Buch besteht aus 6 Kapiteln: Nach den grundlegenden Informationen steht die Aus- und Weiterbildung von Steuerberatern und Wirtschaftsprüfern im Vordergrund. Anschließend folgen interessante Erfahrungsberichte zum Berufseinstieg und zum Berufsalltag. Nützliche Informationen zur Existenzgründung und -sicherung sowie über die berufsständischen Organisationen werden im letzten Teil vermittelt.

Mit diesem Buch wird dem Leser ein umfassender Einblick in das facettenreiche Berufsbild des Steuerberaters und Wirtschaftsprüfers gewährt. Für die Qualität stehen insbesondere unsere zahlreichen Autor-innen und Autoren mit ihren realitätsnahen Beiträgen; ihnen gilt unser besonderer Dank. Ergänzt wird das Buch durch die virtuelle Plattform www.berufsziel-steuerberater.de bzw. www.berufsziel-wirtschaftsprüfer.de. Hier finden sich neben aktuellen Stellenangeboten von Wirtschaftsprüfungs- und Steuerberatungsgesellschaften auch interessante Informationen zum Berufseinstieg und zur Karriereplanung.

22., überarbeitete Auflage
Tab., Abb., 241 Seiten, 2023
ISBN 978-3-89673-777-9, € 24,90
Titel auch als E-Book erhältlich.

EWP Edition Wissenschaft & Praxis